나는 아파트 대신
**강꼬빌딩을
산   다**

일러두기

이 책은 2021년 9월 출간일 현재의 부동산 정책을 기준으로 하여 집필되었습니다.

나는 아파트 대신 강꼬빌딩을 산다

신흥 슈퍼리치들이 선택한 부의 레벨업

황준석 지음

한국경제신문

그때 투자를 했더라면

8년 전 아파트 한 채를 갖고 있던 선배가 부동산 고민을 상담해온 적이 있습니다. 저는 그 선배의 여건에서 가장 나은 선택이 무엇일지 고민하다가 보유한 아파트를 팔고 근처 다가구건물을 살 것을 제안했습니다.

그 당시 선배가 소유한 아파트는 10억 원 정도였으며, 제가 권했던 다가구건물은 약 18억 원이었습니다. 8억 원이라는 큰 차이가 있어 대출이 필요하지만, 담보대출과 임대보증금을 활용하면 그 건물을 살 수 있었습니다. 향후 대출로 인해 발생할 이자는 월세로 충분히 감당하고도 남을 수준이었습니다.

그렇게 말한 데는 이유가 있었습니다. 첫째, 똑같은 비율로 가격이 오른다고 하면 10억 원짜리보다 18억 원짜리가 수익이 더 크기 때문입니다. 물론 '아파트와 다가구건물이 같은 비율로 오를까' 하는 의문이 들지도 모르겠습니다. 하지만 저는 다른 지역이라면 몰라도 서울 삼성동에서는 최소한 같은 비율로 상승하리라 생각했습니다.

둘째, 그 선배의 생각은 삼성동의 아파트는 임대하고 판교 아파트에 전세로 이사 가면서 그 차액으로 아내가 작은 식당을 차려 생활의 여유자금을 마련하겠다는 것이었는데, 그럴 바에는 다가구건물을 사서 월세를 받는 것이 더 나은 선택으로 보였습니다.

셋째, 앞서 아파트와 다가구건물이 적어도 같은 비율로 오를 것이라고 했지만, 사실 저는 다가구건물 가격이 훨씬 더 높게 오르리라고 예상했습니다. 그 이유는 베이비부머의 은퇴, 직장생활의 불안함, 고정 소득의 필요성으로 인해 월세를 받으려는 사람들의 수요가 갈수록 늘어날 것이기 때문입니다.

넷째, 당시 삼성동 한국전력공사(이하 '한전') 부지 매각이 한창 논의되고 있었습니다. 2005년부터 이야기가 나오기 시작했고, 당시 한전 부지는 공시가격만 해도 약 1조 5,000억 원에 달해 대기업이 아니고는 살 수가 없으며, 대기업이 해당 부지를 사면 대단위 개발을 할 것으로 예상했습니다. 그렇게 된다면 삼성동은 커다란 영향을 받을 수밖에 없습니다. 물론 2012년 당시는 한전 부지가 언제 매각될지, 어떻게 개발될지 전혀 알 수 없는 시점이긴 했습니다. 하지만 이미 논의가 진행되고 있으니 충분히 가능성이 큰 시나리오였습니다. 만약 한전 부지가 매각되지도 개발되지도 않는다 해도 삼성동 다가구건물의 가치는 절대 낮아지지 않을 거라고 확신했습니다.

8년이 지난 지금 어떻게 됐을까요? 10억 원 정도 하던 아파트는 22~24억 원이 됐고, 18억 원 하던 다가구건물은 50억 원대가 됐습니다. 가격 상승 비율 차이(아파트 2.4배, 다가구건물 2.7배)는 크지 않지만, 그 둘의 가격 차이는 8년 전 8억 원에서 지금은 26억 원으로 크게 벌어졌습니다. 덧붙이자면, 한전 부지는 2014년 현대그룹에서 10조 5,500억 원에 사들였습니다.

어디에 가치를 두느냐에 따라 결정은 달라질 수밖에 없습니다. 경제적인 가치만 따지자면 당연히 아파트를 팔고 다가구건물을 매수하는 것이 좋은 선택이었겠지만, 생활의 편의성이나 쾌적한 거주 공간을 중요시한다면 아파트에 계속 거주하는 편이 나은 선택입니다.

선배는 몇 년을 망설이다가 그만 선택할 기회를 놓치고 말았습니다. 왜 그렇게 오래 망설였을까 생각해보니 선배는 부동산에 대한 지식이나 경험이 저만큼 많지 않았던 겁니다. 그때 선배가 지금의 저만큼 지식과 경험을 갖고 있었다면 아파트 대신 다가구건물을 선택했을 겁니다. 그리고 지금쯤 건물에서 나오는 월세로 편안하게 생활하고 있을지 모릅니다.

강꼬빌딩이란? ••

만약 강꼬빌딩을 사서 매달 1,000만 원이 넘는 월세를 받으며 경제적 자유를 누린다면 어떨까요? 여기서 강꼬빌딩이란 강남에 있는 꼬마빌딩을 말합니다. 그리고 꼬마빌딩은 7층 이하의 건물이라고 생각하면 됩니다. 주거용으로만 쓰는 곳도 있고 저층은 상가와 사무실로 쓰고 상층은 주거에 사용하는 곳도 있습니다. 또한 건물 전체를 상가와 사무실로 쓰는 곳도 있습니다. 대지 면적으로 보면 대략 100평 이하입니다.

대부분 2종 주거지와 3종 주거지, 상업지에 있습니다. 2종 주거지와 3종 주거지는 건폐율과 용적률로 설명할 수 있지만, 이해하기 쉽게 설명하면 주택가의 7층 이하 건물(1층에 세탁소, 편의점, 미용실, 음식점 등이 있으며 2층부터는 주거용인 건물 혹은 건물 전체가 주거용으로 사용되는 건물)이 있는 곳은 2종 주거지인 경우가 많습니다.

그리고 상업지(10층 이상의 고층 건물이 들어선 지역)와 2종 주거지 사이의 골목에 상권이 형성된 지역, 즉 '먹자골목'은 3종 주거지라고 생각하면 쉽습니다. 물론 예외도 있고 특이한 사례도 있지만 큰 틀에서 보면 그렇습니다.

- 2종 주거지역 : 건폐율* 60% 이하, 용적률** 200% 이하
- 3종 주거지역 : 건폐율 50% 이하, 용적률 250% 이하
- 상업지 : 건폐율 60% 이하, 용적률: 600~800%

---

* **건폐율** 대지 면적에 대한 건축 면적의 비율. 간단히 땅 크기에 비해 건물 크기가 얼마나 되는지 따져보는 것이다.

** **용적률** 대지 내 건축물의 바닥 면적을 모두 합친 면적(연면적)의 대지 면적에 대한 비율. 단, 지하층과 부속 용도에 한하는 지상 주차장 면적은 용적률을 산정할 때 제외된다.

다시 처음으로 돌아가서, 강꼬빌딩을 매입해 다달이 1,000만 원 이상 월세를 받으며 경제적 자유를 누린다면 어떨까요? 아마도 이런 상황을 싫어할 사람은 없을 겁니다. 누구나 원하지만 아무나 가질 수 있는 현실은 아닙니다. 우선 엄청나게 돈이 많아야 할 것 같고 발품도 팔아야 할 것 같습니다. 혹시 모를 부동산 사기를 당하거나 바가지를 쓰지 않기 위해 부동산 공부도 해야 할 것 같은 압박감이 몰려옵니다. 마치 해외여행을 가고 싶지만 여권은 어떻게 만들어야 하는지 딱히 물어볼 사람도 없고 비행기표, 호텔 예약 등이 부담스러워 여행을 못 가는 것과 비슷합니다.

그럴 때 이미 해외여행을 여러 번 해본 친구가 같이 가자고 하면서 여권 만드는 법부터 이후의 모든 과정에 조언이나 도움을 준다면 우리는 마음 편하게 여행 준비를 하고 즐겁게 떠날 수 있을 겁니다.

당시 선배가 미리 알았더라면 현명하게 판단하고 행동하는 데 큰 도움이 됐을 법한 내용을 이 책에 담았습니다. 강남 꼬마빌딩에 관심은 있지만 아직은 멀게만 느껴지는 분들에게 꼭 알아야 할 점과 조심해야 할 점을 알려주는 여행 가이드가 되길 바라는 마음으로 이 책을 썼습니다.

이 책에는 저의 부동산 실전 경험이 가득 담겨 있습니다. 책 한 권에는 저자의 10년 경험이 담겨 있다고들 말합니다. 하지만 이 책에는 그냥 10년이 아니라 꽉꽉 눌러 담은 10년의 경험이 담겨 있습니다. 그리고 부동산에 대해 어느 정도 지식이 있는 사람만 이해할 수 있는 내용이 아니라 그 누구라도 이해할 수 있는 내용으로 최대한 쉽고 편안하게 썼습니다.

게다가 강남 꼬마빌딩의 현실을 속속들이 들여다볼 수 있습니다. 대출, 세금, 수익률, 적정 가격, 중개수수료, 임대 관리 등 강남 꼬마빌딩을 알아볼 때 미리 알고 있어야 할 것들을 짚어봅니다. 거래 금액이 많다 보니 판단하고 결정하기까지 부담감이 큰데, 이를 줄여주는 것이 이 책의 기본 역할이며 나아가 꼬마빌딩을 소유해 안정적인 소득 구조를 만들 수 있도록 도움을 주는 것이 궁극적인 목표입니다.

우연히도 이제 40대 후반이 된 그 선배와 통화를 하게 됐고, 최근 근황을 들었습니다. 다니던 직장을 퇴직하고 소득이 없어 고민이 많다고 했습니다. 몇 년 전 다른 선택을 했더라면 어땠을까 하는 아쉬움에 혼자 마음이 쓰렸습니다.

부모님에게 크게 물려받을 재산도 없고 '대박'이 날 사업을 하는 것도 아니며 노후 대비도 충분치 않은 상황에서 현재는 그럭저럭 지내도 몇 년 혹은 몇 십 년 후를 걱정하는 사람들이 많습니다. 그리고 미래를 준비하고 싶지만 잘 몰라서 혹은 너무 바빠서 생각을 행동에 옮기지 못하는 경우도 많습니다. 이 책이 미래를 준비하는 시작점을 만들 수 있게 도와줄 것입니다. 매달 월세 받으며 안정적이고 편안한 삶을 원한다면 함께 이 책의 첫 장을 열어볼까요.

나는 아파트 대신
강꼬빌딩을
산   다

3장
강꼬빌딩 한 채 갖기 프로젝트

4장

알고 있으면 쓸모 있는 문제 상황

5장
월세와 자산가치 올리는 강꼬빌딩 관리법

● ●

꼬마빌딩 하면 돈을 많이 버는 사람, 재산을 많이 물려받은 사람들이 주인이라고 지레짐작하며 감히 건물주가 될 꿈도 꾸지 않습니다. 그래서 관심도 두지 않고 재 테크 방법으로 고려하지도 않습니다. 그러나 강남의 꼬마빌딩 주인들은 특별한 사 람들이 아닙니다. 의사나 변호사 같은 전문직도 있지만 택시 기사, 회사원, 공무원 등 대부분 평범한 직업의 보통 사람들입니다. 큰돈을 버는 사업가나 많은 재산을 물려받은 사람만이 아니라 평범한 직장인도 건물주가 될 수 있습니다. 분명한 목표 를 세우고 공부해나가면 레버리지를 활용해 얼마든지 가능한 일입니다.

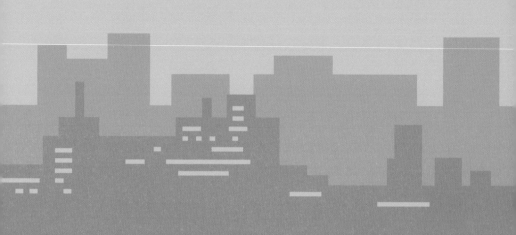

1

평범한 내가 꼬마빌딩을
넘볼 수 있을까?

엄마, 나는 일 안 하고 돈 벌 거야

🏢 경제적 자유를 위해 사업을 시작했지만 ● ○ ○

저는 잘 기억나지 않지만 20대 중반 무렵 "엄마, 나는 일 안 하고 돈 벌 거야"라고 자주 말했다고 합니다. 그래서인지 당시 프랜차이즈 식당을 하고 있었는데, 하루빨리 점장에게 매장을 맡기고 놀러 다닐 생각에 밤낮없이 일한 기억이 있습니다. 매일 아침 출근 시간이면 지하철역 앞에서 1시간 30분에서 2시간 동안 전단지를 돌리며 홍보도 열심히 했습니다. 적게는 300장, 많게는 500장씩 나눠줬습니다.

아르바이트생을 쓸 수도 있었지만 그렇게 뿌려진 전단지 대부분이 지하철역 앞 100미터 이내에 거의 다 버려지는 것을 보고 홍보

효과를 높일 방법을 고안했습니다. 그랬더니 버려지는 전단지를 10장 내외로 줄일 수 있었습니다. 버려진 전단지도 다시 주워서 다음 날 돌렸습니다.

직접 돌린 전단지가 10만 장을 넘다 보니 식당은 점차 잘되기 시작했고, 식사 시간에는 손님들이 대기 줄을 서야 했습니다. 물론 식자재 품질과 음식의 맛에 신경 쓰는 것은 기본이었고, 식당 운영에 관한 책을 숱하게 보면서 적용할 수 있는 것들은 모두 해봤습니다.

그런데 식당이 자리를 잡아가자 프랜차이즈 본사에서 터무니없는 요구를 해왔습니다. 요구를 들어주지 않으면 간판을 내려야 한다며 협박 아닌 협박도 했습니다. 간판을 내리자니 손님이 안 올까 봐 불안했고, 본사의 요구를 들어주자니 억울했습니다. 하지만 말도 안 되는 요구를 하는 사람들과는 함께하는 것이 아니라고 생각하고 우여곡절 끝에 프랜차이즈의 간판을 내리고 제가 만든 상호로 간판을 바꿔 달았습니다.

프랜차이즈의 명성을 뒤로하고 신생 간판을 달았으니 이만저만 걱정되는 것이 아니었습니다. 그런데 웬일, 바꾸고 나니 장사가 오히려 더 잘됐습니다. 하지만 얼마 가지 못했습니다. 몇 달 지나지 않아 본사에서 바로 옆에 직영점을 냈고, 매출은 급격히 떨어졌습니다.

애초에 일하지 않고 돈을 버는 시스템을 만들기 위해 시작한 식당인데 그 목표를 이룰 수 있을까 싶었습니다. 문득 제가 장사를 하던 먹자골목의 잘되는 식당 사장님들은 어떻게 생활할까 궁금해졌습니다. 지금까지는 그 집처럼 장사가 잘되면 좋겠다고 부러워만 했는데, 막상 사장님들의 생활을 관찰해보니 가장 일찍 출근해서 가장 늦게 퇴근하며, 끼니때를 놓치기 일쑤고, 좋은 차를 사도 출퇴근할 때만 탈 뿐 온종일 주차장에 세워져 있었습니다. 자녀들은 해외로 유학을 보내놓고 정작 본인들은 하루 종일 가게에 매여 있는 삶이었습니다.

그때 깨달았습니다. '아, 장사가 잘된다고 해도 내가 자유로울 수는 없겠구나! 애초에 내 목표를 이루는 데 식당은 맞지 않는 선택이었구나!'

물론 지금 생각해보면 장사를 잘되게 해놓고 프랜차이즈를 해도 될 텐데, 그때는 거기까지 생각이 미치지 못했습니다. 결국 저는 3년 6개월간 운영하던 식당 문을 닫고 새로운 일을 찾아 나섰습니다.

당시 명품 렌털숍이 해외에서 급성장하고 있었습니다. 일정 규모 이상 사업이 크고 나면 갖고 있는 물건이 돈을 버는 형태이니 저의 목적에 부합한다고 생각했습니다. 전혀 모르는 분야이니 일단 논현동의 렌털숍에 취직해 배우고 나서 실행에 옮기기로 했습니다. 그곳에서 제가 할 일은 오토바이 배달이었습니다. 오토바이에 내비게이션이 없던 시절이라 지번도(지도)를 갖고 다니며 배달을 했습니다. 저는 무슨 일을 하든 이왕이면 잘해야 한다는 생각이 있어서 남들이 네 곳 배달할 때 여섯 곳 이상을 배달했습니다. 열심히 하다 보니 주소만 보면 어디인지 파악하는 수준에 이르렀고 그 동네, 그 집에 어떤 사람이 사는지도 알게 됐습니다. 일이 끝나면 얼굴과 콧속이 새까매졌지만 힘든 줄 몰랐습니다. 목표를 이루기 위해 배우는 중이라고 생각했기 때문입니다.

배달을 하기 전에는 매장에서 일이 어떻게 진행되는지 어깨너머로 보고, 다른 렌털숍은 어떻게 운영되는지 알아보기도 했습니다. 상호를 어떻게 정할지, 어떤 물품을 구비할지, 비용은 얼마나 들지, 어떤 방식으로 운영할지 사업계획서를 상세히 짜보기도 했습니다. 그런데 그 사업은 시작도 못해보고 말았습니다. 그 일을 하는 데는 적지 않은 자금이 필요해서 친한 친구와 돈을 합쳐 함께 시작하기로 했는데, 그 친구가 집안의 일로 자금을 모두 써버렸기 때문입니다. 그때 저에게 떠오른 것이 부동산이었습니다.

🏢 다시, 부동산 공부

사실 식당을 하면서도 부동산에 관심이 있어서 부동산 경매 책을 사서 본 적이 있었습니다. 그런데 끝까지 읽을 수는 없었습니다. 생소한 용어 탓인지 설명을 봐도 뜻을 이해하기 어려웠습니다. 몇 달 후 다른 책을 사서 읽었는데 역시나 얼마 못 가 다시 덮었습니다. 시간이 한참 지난 후에 독하게 마음먹고 새로운 경매 책을 사서 읽기 시작했습니다. 모르는 용어가 나오면 뜻을 찾아서 노트에 정리하며 읽어나갔는데, 영어 원서를 영한사전이 아니라 영영사전을 찾아가며 읽는 기분이었습니다. 모르는 단어가 나오면 뜻을 찾아 노트에 적는데 그 설명에 또 모르는 단어가 나오고, 그 단어의 풀이를 찾아보면 또 모르는 용어가 나오기를 반복했습니다. 독하게 마음먹고도 절반 정도밖에 읽지 못했습니다. 결국 부동산은 어렵다는 인식만 자리 잡았습니다.

그런데 친구와 함께하기로 한 사업이 엎어지자 이상하게 다시 부동산이 떠올랐습니다. 부동산에 관심 있는 많은 사람이 그러하듯 월세를 받을 수 있다는 사실이 매력적이었기 때문입니다.

이번엔 경매학원에 등록해서 다니기 시작했습니다. 수업을 들을수록 혼자 책을 보며 공부할 때의 답답했던 부분이 차근차근 해결됐습니다. 그렇게 3개월 과정 중 2개월이 지나갈 무렵 실제 현장을 방문하는 임장을 나가게 됐습니다. 인천, 부천, 춘천 등을 신나게 돌아다녔고 한 번 가면 오전에 출발해서 저녁이 돼야 돌아오곤 했습니다. 그러나 그때까지 낙찰의 기쁨은 누려보지 못했습니다.

어느 날 부천의 오피스텔 하나가 눈에 들어왔습니다. 제 기억에 해당 물건은 두 번 유찰됐는데, 권리관계가 조금 복잡했기 때문이었습니다. 복잡한 권리관계를 해결하면 이익이 된다는 말을 들었던 터라 그 물건의 권리관계를 집중적으로 조사했습니다.

등기부등본을 떼어보는 것은 당연하고, 전입 세대를 열람해보고, 해당 호실에 사는 세입자를 만나기 위해 너덧 번 찾아갔지만 만나지 못했습니다. 그 이후 4시간 이상 기다린 후에야 간신히 만났는데, 세입자는 20대 후반의 여성이었습니다. 이미 여러 사람을 만났던 터라 귀찮아하는 모습이 역력했습니다. 그녀는 전세 보증금만 받으면 나갈 생각이라고 했습니다. 권리관계를 따져보니 세입자의 보증금이 최우선변제금액 이내여서 문제될 것이 없어 보였습니다.

입찰하는 날 경매 법정에서 서류와 입찰보증금을 봉투에 넣어 내면서 어찌나 떨리던지. 드디어 낙찰! 차 안에서 스스로 뭔가를 해냈다는 벅찬 감격과 앞으로 이렇게만 하면 목표를 이룰 수 있을 것 같다는 생각에 저도 모르게 눈물을 훔쳤습니다.

그런데 낙찰을 받고 경락잔금대출을 알아보던 중 청천벽력 같은 이야기를 들었습니다. 배당 순위 중에 체납된 세금이 있어 세입자의 보증금보다 더 우선해서 변제된다는 것이었습니다. 영락없이 세입자의 보증금을 물어줘야 할 판이었습니다. 발등에 불이 떨어진 저는 법원으로, 세무서로 신발이 닳도록 뛰어다녔습니다. 그러는 와중에 세금을 체납한 해당 법인이 소유한 다른 부동산이 처분되면서 세금이 납부됐고, 세입자의 보증금은 순조롭게 해결됐습니다.

우여곡절 끝에 문제는 사라졌지만 낙찰받은 오피스텔의 잔금일이 아직 남은 상황이라 좀 더 생각해보기로 했습니다. 시간이 지나 잔금 납부일이 됐을 때 저는 잔금을 내지 않고 낙찰을 포기했습니다. 경매를 배우고 낙찰을 한번 받아보고 싶은 마음에 이성적으로 판단하지 못하고 급하게 뛰어들었다는 생각이 들었기 때문입니다.

강꼬빌딩 주인이 되기까지

🏢 속속들이 알게 된 강남 지역　　　　●　•

낙찰을 포기한 후 경매를 좀 쉬면서 가까운 부동산중개소에서 일을 시작했습니다. 부동산 시장이 어떻게 돌아가는지 알아야겠다는 마음이었죠. 첫 출근 날, 부동산중개소 이사가 신입 직원 5명 앞에서 "내 말대로만 하면 한 달에 300만 원은 벌 수 있다"라고 말했습니다. 그 당시 300만 원은 저에게 큰 금액이었고, 최선을 다해볼 동기부여가 됐습니다. 휴일 없이 매일 아침 9시에 출근하고 자정이 넘어 퇴근했습니다. 한 달 만에 몸살이 나서 몸져누울 지경이었는데 알고 보니 이사의 말은 거짓이었습니다. 그 사무실에서 일하는 14명 중 300만 원을 버는 사람은 없었습니다. 열심히 일한 만큼 배신감이 컸던 터라 다른 부동산중개소로 자리를 옮겼습니다.

새 부동산중개소에서도 열심히 일했습니다. 강남에서 집을 구하는 사람들에게 하루에도 수십 채의 전셋집, 월셋집을 보여주며 강남의 임대 시세를 정확히 알게 됐고, 임대가 잘 나가는 집과 그렇지 못한 집의 차이가 눈에 들어왔습니다. 또한 어디에 어떤 사람들이 사는지, 어떤 블록이 인기가 있고 없는지도 자연스럽게 파악됐습니다. 강남의 건물주는 어떤 사람들이고 어떤 생활을 하는지도 볼 수 있었습니다. 한마디로 강남을 속속들이 알게 된 겁니다.

오토바이 배달을 하며 지번으로 집을 찾아다녔던 경험이 부동산 일을 하는 데도 도움이 됐습니다. 그 덕분에 다른 사람은 세 곳의 집을 볼 때 저는 다섯 곳 이상의 집을 볼 수 있었습니다. 월세 40만 원짜리 반지하부터 월세 600만 원 이상의 고급 아파트, 오피스텔, 빌라 등 다양했습니다. 강남이라고 하면 무조건 비싼 집만 있다고 생각하겠지만 실제는 그렇지 않았습니다. 또 일반적으로 비싸다고 하는 수준을 훨씬 뛰어넘는 가격의 집들도 있었습니다. 그뿐만 아니라 지금은 1,000억 원에 육박하지만 당시에는 500억, 600억 원 하는 빌딩 매물을 보기도 했습니다.

그 후 시간이 지나 저는 임대를 구하는 사람들이 아닌 월세를 받고자 하는 분들을 위해 일하게 됐습니다.

어떻게 하면 안정적으로 월세를 받을 수 있을까?

어떻게 하면 공실, 연체 없이 월세를 받을 수 있을까?

어떻게 하면 세입자와 마찰 없이 월세를 받을 수 있을까?

처음에는 강남에서도 월세가 잘 나갈 만한 곳에 부동산을 갖고 있다면 위와 같은 고민은 하지 않아도 되리라고 생각했습니다. 그런데 시간이 지나면서 문제가 발생했습니다. 세입자들이 집을 엉망으로 해놓고 나가는 일부터 시작해 임대관리업체가 관리를 엉망으로 하는 일, 관리업체가 세입자에게는 월세를 받고 주인에게는 월세를 안 주는 일, 집에 하자가 생기자 아무도 책임지지 않고 나 몰라라 하는 일, 심지어 관리인이 연락조차 안 되고 세입자들의 보증금을 챙겨 도망가는 일까지 이루 말할 수 없이 다양한 문제가 생겼습니다. 건물주는 가만히 앉아서 돈을 번다고 생각했는데 이런 문제들을 겪을 수도 있다는 사실을 알게 됐습니다.

그래서 임대관리업에 뛰어들기로 했습니다. 임대인이 편안하게 월세를 받을 수 있도록 모든 문제를 제가 해결하기로 했습니다. 어떻게 임대를 잘 관리할 수 있을까 궁리하던 끝에 임대 관리를 A/S 센터와 비슷한 개념으로 설정했습니다. 예상 밖의 문제가 생기더라도 제가 알아서 해결하는 거죠.

🏢 근본적인 임대 관리는 좋은 집을 짓는 것 ● ●

2015년 처음 임대 관리를 시작해 지금 6년째 하고 있으며 394개 호실을 관리하고 있습니다. 그로 인해 건물 소유자들은 공실이나 연체 없이 단 하루도 밀리지 않고 월세를 받고 있습니다. 사실 제품이 제대로 만들어지지 않으면 아무리 A/S를 잘한다 해도 계속 문제가 일어나고 사용자들은 불편을 겪을 수밖에 없습니다. 근본적인 A/S는 고장 나지 않는 제품을 만드는 것입니다. 부동산에서는 임대가 잘될 건물, 즉 세입자들이 살고 싶은 집, 한 번 들어오면 계속 있고 싶은 건물이 고장 나지 않는 제품입니다.

대부분의 꼬마빌딩 공급자들은 60대 혹은 젊어야 50대입니다. 그런데 세입자들은 20~30대가 주를 이룹니다. 공급자와 수요자가 적게는 20년, 길게는 40년의 나이 차이가 납니다. 물론 모든 공급자는 세입자가 좋아할 만한 꼬마빌딩을 짓는다고 하지만 20~30대의 취향을 잘 모르니 한계가 있습니다. 만약 세입자들의 취향에 맞는 꼬마빌딩을 짓는다면 어떨까요? 앞서 말한 것처럼 세입자들이 살고 싶어 하고 한 번 살면 계속 있고 싶은 곳이 되겠지요. 결국 저는 꼬마빌딩을 직접 짓는 것이 근본적인 A/S이며 해결책이라는 결론을 내렸습니다.

20~30대가 모이는 카페, 술집, 레스토랑을 다니며 그들의 기호

를 파악해 꼬마빌딩에 적용했습니다. 다소 파격적이고 생소한 콘셉트를 들고 건설사에서는 의아해했지만, 저는 세입자가 될 20~30대에게 의견을 물었고 그 의견만 반영해나갔습니다.

한 예로 제가 만든 꼬마빌딩 중에는 내부가 모두 핑크색인 집이 있습니다. 어떻게 보면 너무 과하다는 생각이 들 수도 있고, 이런 집에 누가 살까 싶기도 합니다. 하지만 현재 그 집은 제가 임대 관리를 하는 꼬마빌딩 중 가장 인기가 높아 공실이 되는 즉시 다음 세입자가 들어오는 건물입니다.

사실 핑크 콘셉트는 어느 유명 호텔이 한 객실을 핑크로 꾸몄는데 매우 인기 있다는 이야기를 듣고 힌트를 얻은 것입니다. 핑크를 좋아하지 않는 사람도 많겠지만 그 집은 오직 핑크를 좋아하는 사람들을 위해 만들어진 것이며 그러한 취향을 가진 사람은 절대 그 집을 그냥 지나치지 못합니다. 한 번은 현장을 둘러보다가 한 세입자를 만나서 "이 집 살기가 어때요? 저도 집을 구하려고 하거든요"라고 집을 구하는 사람처럼 물어보았습니다. 그런데 그 사람은 제가 짓고 관리하는 건물이 강남에 몇 개 있는지 다 알고 있었으며 심지어 각 건물의 특징도 꿰고 있었습니다. 그러면서 하는 말이 "케아하우스가 다른 건물들보다 구조와 인테리어가 좋고, 불편한 일이 있을 때 처리도 빠르게 잘해줘서 좋아요"라고 했습니다. 그 이야기를 듣고 더할 나위 없이 기분이 좋았습니다.

'어떻게 하면 공실, 연체 없이 월세를 받을 수 있을까?'에서 시작했던 고민에서 임대관리회사를 운영하게 됐고, 임대 관리의 근본적인 문제를 해결하기 위해 직접 건물을 짓는 것으로 확장됐습니다. 그 결과 강남에서 20채가 넘는 건물을 직접 짓고, 임대 관리 역시 책임지고 하는 단계에 이르렀습니다.

03

강꼬빌딩 주인은 어떤 사람들일까?

🏢 그 좋은 강꼬빌딩을 파는 이유

강남에 꼬마빌딩(강꼬빌딩)을 소유하고 있으면 월세를 받으면서 시세 상승까지 기대할 수 있는데 왜 파는 걸까요? 좋은 물건은 팔지 않고 계속 갖고 있기 마련인데, 뭔가 안 좋아서 팔려는 것일까요? 제가 강꼬빌딩을 20채 넘게 사면서 알게 된 현실, 그러니까 소유주들이 강꼬빌딩을 파는 이유는 다음과 같습니다.

자녀들에게 재산을 나눠주기 위해

제가 처음으로 산 강꼬빌딩은 어느 할머니의 건물이었습니다. 할머니에게는 아들 셋이 있었습니다. 강남에 건물을 가진 가족이니만큼 조금은 부유한 환경에서 자녀들을 키웠을 테고, 출발선이 상대적으로 좋았을 거라고 예상할 수 있습니다. 하지만 자녀들은 경제적인 어려움을 겪고 있었습니다. 50대가 다 된 큰아들은 할머니의 건물에 들어와 살았고, 둘째와 셋째 아들 역시 경제적으로 편안해 보이지 않았습니다. 계약하면서 살펴보니 명의는 할머니로 되어 있었지만 연세가 많아서 큰아들에게 모든 일 처리를 맡긴 상태였습니다. 건물은 할아버지가 돌아가시면서 할머니에게 상속한 것이고, 이제 그것을 팔아 자녀들에게 나눠주고 본인은 경기도 쪽으로 이사를 하는 상황이었습니다.

이외에도 병원을 운영하는 자녀가 힘들어져서 자금을 지원해주기 위해 건물을 파는 분도 있었습니다. 본인이 소유한 강꼬빌딩이 나쁜 물건이어서 혹은 더는 갖고 있고 싶지 않아서가 아니라 자녀들을 도와주고 싶어 파는 경우가 많았습니다.

편안한 노후를 보내기 위해

강꼬빌딩 소유주 중에는 자기 건물에 거주하는 분들이 꽤 됩니다. 맨 위층에 거주하면서 건물 관리를 직접 하기도 합니다. 건물 청소를 비롯해 고장 수리, 세입자 관리 등을 하며 청소비와 관리비를 아끼기도 합니다. 물론 청소와 수리 등은 업체에 맡기고 세입자 관리만 하는 분들도 있습니다. 그런데 세입자 관리를 하다 보면 생각지도 못한 연체, 공실, 세입자의 불평과 불만 등을 접합니다. 물론 그런 문제를 겪더라도 건물이 없는 것보다 낫지만 만만치 않은 스트레스입니다.

70세가 넘은 분들은 이런 문제에 신경 쓰지 않고 남은 인생을 좀 더 편안하게 살고자 강꼬빌딩을 팔고 아파트로 이사해서 그 차액을 노후 생활비로 씁니다. 최근에 제가 산 건물도 비슷한 경우였습니다. 코너에 자리하고 월세도 괜찮게 나오는 강꼬빌딩이었는데 주인은 70대 남편과 60대 아내였습니다. 계약하는 자리에서 보니 남편은 가만히 자리를 지켰고, 아내가 계약의 모든 내용을 판단했습니다. 그러다 남편의 벨트가 눈에 띄었는데, 태극 문양이 선명하게 그려져 있었습니다. 이야기를 들어보니 그분은 국가유공자로 이제는 귀도 어두워지고 건강도 나빠져서 시골로 내려간다는 것이었습니다.

한 노부부는 본인들이 지은 건물에서 초등학생이던 자녀가 성인이 되고 결혼해 출가할 때까지 살다가 건물을 팔고 세곡동 아파트로 이사했습니다. 아직도 제 책장에는 그분들이 건물을 팔며 저에게 주었던 35년 된 건축허가서와 낡아버린 그 건물 현관 열쇠가 있습니다. 그분들이 처음 건물을 지으며 겪었던 어려움과 설렘이 상

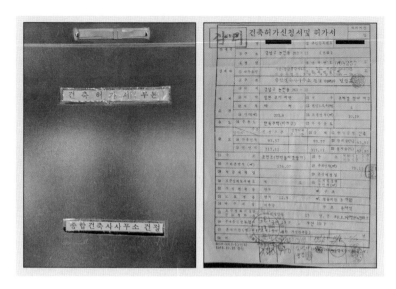

35년 된 건축허가서

상돼 차마 버리지 못하고 간직하고 있습니다.

기타 이유들

이외에도 직접 지은 건물에 35년을 살다가 남편이 사망하는 바람에 그 집에 더는 살 수 없어서 파는 분, 남편이 죽고 혼자 남아 10년을 넘게 살았는데 이제는 외로워서 자녀들 곁으로 간다는 분, 남편이 치매에 걸려 건물을 팔고 재산을 정리하려는 분 등 다양한 사정이 있습니다.

제가 지금까지 만난 분들은 하나같이 본인이 가진 강꼬빌딩이 좋지 않거나 필요 없어서가 아니라 상황이 바뀌어 파는 경우였습니다.

강꼬빌딩 하면 돈을 많이 버는 사람, 재산을 많이 물려받은 사람들이 주인이라고 지레짐작하며 감히 강꼬빌딩 건물주가 될 꿈도 꾸지 않습니다. 그러나 제가 만난 분들은 대부분 평범한 직업을 가진 보통 사람들이었습니다. 나이 들기 전까지 회사원이었거나 공무원과 사업을 한 분들이 많았습니다. 물론 제가 본 강꼬빌딩 건물주가 수천 명은 아니지만 그래도 100명 이상은 되니 적은 숫자는 아닐 겁니다.

평범한 직장인도 강꼬빌딩을 갖는 것이 가능합니다. 큰돈을 버는 사업가나 많은 재산을 물려받은 사람만이 아니라 보통 사람도 목표를 세우고 노력하며 재테크를 어떻게 하느냐에 따라 강꼬빌딩을 소유할 수 있습니다.

04

어느 택시 기사의 놀라운 이야기

🏢 젊음과 활력의 비밀

술을 마신 저녁이면 대리운전을 부르는 대신 택시를 타고 집에 갈 때가 있습니다. 그리고 다음 날은 다시 택시를 타고 회사에 출근합니다. 그럴 때 늘 택시 기사와 이야기를 나누는데 얼마 전에 만난 기사가 들려준 이야기는 정말 놀라웠습니다. 60대 후반의 나이 지긋한 분이었지만 기어를 바꾸고 핸들을 돌릴 때 활력이 넘쳤고 목소리에서도 젊은 기운이 느껴졌습니다.

날씨와 요즘 경제 상황을 이야기하며 가는데, 제가 부동산 분야에서 일하는지라 사시는 곳이 어딘지 물어보았습니다. 그분은 제가 택시를 탄 곳 근처에 살고 있으며 꼬마빌딩에 사는데, 그 건물이 자신 거라고 했습니다. 원래는 경기도에 살다가 강북에 집을 사서 이사를 왔고, 시간이 지나자 집값이 올라서 팔고 지금 갖고 있는 꼬마빌딩의 이전 건물인 구옥을 사서 신축을 했다고 합니다. 그분은 35년 동안 택시로 돈을 벌어왔고, 꼬마빌딩에서 받는 월세와 본인이 버는 돈을 합하면 한 달에 1,000만 원이 넘는다고 했습니다. 이야기를 듣는 내내 저는 감탄사를 연발할 수밖에 없었습니다.

그분은 아들 내외와 손자와 함께 살고 있었습니다. 원래는 결혼하면서 전셋집을 구해줬는데 아들이 전세금을 빼서 사업을 하다가 잘 안 되어 본인 집으로 들어와서 산다는 것이었습니다. 저는 그 이야기를 들으며 그분이 참 멋있다는 생각을 했고, "대단하시네요" "멋지세요"라고 이야기를 건넸습니다. 그렇게 그분의 이야기가 끝날 즈음 저는 회사에 도착했고 택시에서 내렸습니다.

🏢 어떤 노후를 보내고 싶은가요?

단지 건물을 갖고 있고 돈을 많이 벌었다고 해서 그분이 멋있어 보인 것은 아닙니다. 본인 인생의 주도권을 쥐고 사는 모습이 대단하고 멋있어 보였습니다. 사실 60대 후반의 나이에 그냥 월세만 받으며 생활해도 충분한데 지금도 현역으로 일을 하며 경제활동을 하고 있다는 것, 본인과 아내뿐만 아니라 자녀 내외와 손자까지 책임지면서 여유롭게 살고 있다는 사실이 대단하게 느껴졌습니다. 누군가는 은퇴 후를 걱정하고 누군가는 지금 하고 있는 경제활동에 대해 불안해하는데 그분은 그런 상황과 정반대였고, 매우 편안해 보였습니다.

그분은 대화 끝에 운동을 해야 한다는 이야기도 했습니다. 운동 안 한 친구들은 벌써 거동이 불편한데 본인은 운동을 해서 전혀 몸에 불편함 없이 지금도 일할 수 있다고 했습니다. 택시를 타서 맨 처음 들었던 그분의 목소리가 왜 그리 젊고 활력이 넘쳤는지 그 이유를 짐작할 수 있었습니다.

누군가는 모아놓은 돈을 조금씩 쓰며 노후를 보내고, 누군가는 연금이나 보험금을 매달 타서 생활하기도 합니다. 혹은 자녀들에게 생활비를 받으며 사는 분도 있겠지요. 그러한 분들의 생활 역시 경제적으로 큰 어려움은 없을 수 있지만 자기 인생의 주도권과 활력에서는 이 택시 기사와 다르겠지요.

당신은 어떻게 노후를 보내고 싶으신가요?

05

월세 소득이 생긴 후 찾아온
인생의 변화

🏢 부자는 나쁜 사람? ●　○

7년 전쯤 50대 여성이 상담하러 온 적이 있습니다. 그분은 정년이 보장되는 직업을 갖고 있었고 남편과 맞벌이를 하고 있었습니다. 그래서 경제적으로는 비교적 안정적인 상황이었고 부동산 재테크를 통해 월세를 받고 싶어 했습니다. 월세를 받으면 직장을 그만두고 아무 일 하지 않고 지내고 싶다고 했습니다.

그분은 상담이 끝난 후 일련의 과정을 거쳐 마침내 월세 받는 부동산을 소유하게 됐습니다. 200만 원가량의 월세가 나왔는데, 4년 정도가 지날 무렵 그분이 저를 다시 찾아왔습니다. 평소 사람 얼굴을 잘 기억하는 저는 그분을 미처 알아보지 못했습니다. 그도 그럴 것이 그분의 얼굴이 너무나 달라졌기 때문입니다.

예전에는 조금은 경직되고 긴장된 표정이었다면 지금은 편안해 진 인상, 웃는 얼굴, 어딘지 모르게 여유 있어 보이는 표정으로 변해 있었습니다. 도저히 같은 분이라고는 믿기지 않았습니다. 상담을 시작하고 나서 그분에게 왜 이렇게 인상이 좋아졌느냐고 묻자 그분은 "일 그만두고 집에서 쉬고 있어요. 정말 좋아요"라고 했습니다.

첫 만남에서 자신의 목표가 집에서 아무 일도 안 하고 지내는 것이라고 했는데 정말로 그렇게 살고 있었던 겁니다. 그리고 저를 다시 찾아온 이유는 월세 받는 부동산을 조금 더 갖기 위해서였습니다.

몇 년 만에 달라진 인상을 보며 경제적 안정이 사람의 생각과 인상을 얼마나 변하게 하는지 체감할 수 있었습니다. 우리는 흔히 말하기를 돈은 적당히만 있으면 되고 욕심을 부리면 안 된다고 합니다. 또한 정신적인 부분은 돈보다 가치가 높고 고결하다고 표현하기도 합니다. 마치 경제적인 것과 정신적인 것을 반대되는 개념처럼 생각하지요. 수많은 영화와 드라마에서 돈이 많은 사람은 부정부패를 저지르고 '갑질'을 하며 심지어 불법을 저지르기도 하는 모습으로 그려지고, 상대적으로 돈이 없는 사람은 따뜻한 마음씨에 도덕적이며 남들을 위해 희생하는 모습으로 그려집니다. 즉 돈이 많은 사람은 나쁜 사람, 돈이 없는 사람은 착한 사람으로 묘사되고 우리는 그러한 이미지에 익숙해져서 돈이 많은 사람을 볼 때면 왠지 탈세나 편법을 저지르고 이기적이며 차가운 사람이라는 선입견을 품게 됩니다. 반면 돈이 없는 사람은 왠지 마음이 따뜻하고 착하리라고 생각합니다. 그런데 정말 현실도 그럴까요?

사실 돈 자체로는 좋다, 나쁘다를 판단할 수 없습니다. 그것을 어떻게 쓰느냐가 그 돈의 성격을 정하는 것이기 때문이니까요. 하지만 확실한 한 가지는 돈이 있어서 나쁠 것은 없으며 돈은 인생을 살아가는 데 꼭 필요하다는 것입니다.

🏢 자식보다 월세

만약 월세로 500만 원, 1,000만 원 혹은 2,000만 원 이상이 매달 꼬박꼬박 들어온다면 우리의 인생은 어떻게 변할까요? 갑자기 인색하고 나쁜 사람이 될까요? 아니면 여유롭고 편안한 삶을 누리며 온화한 사람이 될까요?

오랜 기간 수백 명에게 월세 받는 부동산을 소유하는 과정을 도와주며 그들의 변화를 옆에서 지켜봤습니다. 안정적인 소득이 생기자 생각과 인상이 편안해진 분, 부모님과 자녀들에게 경제적으로 전보다 더 잘해주는 분, 열심히 살아온 자신에게 보상을 주는 분, 매달 받는 월세의 일부를 기부하는 분, 배우자에게 선물을 하는 분, 사회생활과 회사생활에서 자신감을 느끼게 된 분 등 모두가 긍정적으로 변화했습니다.

과거 세미나를 하던 중에 월세를 100만 원 받는다는 한 60대 여성이 이렇게 말한 적이 있습니다.

"월세 100만 원이 자식보다 더 좋아요."

월세 100만 원이 주는 안정감이 엄청나게 크다는 점을 강조한 말일 겁니다.

'곳간에서 인심 난다'는 말처럼 본인의 곳간에 쌀이 넘쳐난다면 혹은 매달 꼬박꼬박 월세가 들어온다면 그 돈을 어디에 쓰고 싶으신가요?

06

샤넬 백과 강꼬빌딩

🏢 샤넬 백 가격은 거품일까

얼마 전 신문기사에서 명품 브랜드 샤넬 백을 사기 위해 많은 사람이 백화점이 문을 열기도 전에 대기하며 장사진을 이뤘다는 내용을 읽었습니다. 샤넬 백 가격이 곧 100만 원 정도 인상될 예정이기 때문이라는 것이었습니다. 코로나19로 인해 경기가 어려운 현실에서 이런 현상이 일어난 것에 대해 부정적인 시선으로 쓴 기사였습니다. 가격이 오르기 전에 사서 되팔려는 사람들의 수요가 많은 것 같다는 내용으로 기사는 마무리됐습니다.

저는 이러한 현상의 선악을 따지기보다는 그 본질을 아는 것이 중요하다고 생각합니다. 일단 가격이 100만 원이 오른다니 오르기 전에 사면 100만 원 싸게 사는 것임은 자명한 사실입니다. 그리고 지금 사서 가격이 오른 이후에 팔면 이익을 얻을 수도 있습니다.

이 두 경우의 전제는 샤넬 백의 가격이 반드시 100만 원 오른다는 것입니다. 또한 샤넬 백의 정가는 검색을 해보거나 백화점에 가보면 누구나 쉽게 알 수 있습니다. 정확한 가격과 가치를 많은 사람이 알고 있는데 그 가격이 100만 원 오른다니 사람들이 몰릴 수밖에 없습니다.

이것은 마치 좋은 위치에 아파트를 분양할 때 모델하우스에 사람들이 몰리는 현상과 비슷합니다. 분양만 받으면 가격 상승을 확신할 수 있는데 구미가 당기지 않을 사람이 드물겠지요. 그래서 로또라는 말까지 나옵니다.

그런데 이 이야기를 강남 부동산에 비유한다면 어떨까요?

강남 부동산 가격이 과거부터 꾸준히 상승해온 것은 누구나 아는 사실입니다. 강꼬빌딩 역시 그렇습니다. 샤넬 백과 강남 부동산에 차이가 있다면 샤넬 백의 가격은 계속 오를 것으로 믿는 반면 이상하게도 '강남 부동산은 거품이다'라고 생각하는 사람이 많다는 것입니다.

장인이 소가죽으로 만든 가방의 가치와 설계사, 건설사, 건설 인력들의 노력과 철근, 콘크리트 등의 자재로 땅 위에 지어진 강남 부동산의 가치를 비교해본다면 절대로 샤넬 백이 강남 부동산의 가치보다 더 높다고 말하기 어렵습니다. 그럼에도 왜 "샤넬 백의 가격은 앞으로 떨어질 것이다"라거나 "샤넬 백의 가격은 거품이다"라고 말하는 사람이 없을까요? 길어야 10년 쓰는 샤넬 백이 과연 영구적으로 존재하는 부동산의 가치보다 높을 수 있을까요?

절대 그렇지 않을 것입니다. 그런데도 그렇게 말하는 이유는 내가 살 수 없다고 생각하기 때문입니다. 아무리 좋다고 해도 내가 가질 수 없다고 생각하면 좋아하기 어렵습니다. 마치 이솝 우화 〈여우와 신 포도〉처럼 갖지 못하니 좋아하지 않는 것처럼 말하거나 시기, 질투하게 되는 것입니다.

🏢 터무니없이 비싼 가격은 없다

2019년 저의 유튜브 채널에서 전세 세입자가 있는 강남의 3억 원 아파트를 무료로 주는 이벤트를 한 적이 있습니다. 조회 수와 구독자 수가 폭발적으로 늘어나 2만 명 정도였던 구독자는 일주일 만에 10만 명이 훌쩍 넘었습니다. 그런데 추첨을 통해 한 사람이 뽑히고 나니, 열광적으로 반응했던 많은 사람들이 바로 비방과 비판 댓글을 달기 시작했습니다.

의혹을 제기하는 사람부터 일방적으로 비방을 쏟아내는 사람까지 다양했습니다. 하지만 당첨이 된 사람은 싱글벙글하며 명의 이전을 받은 후 한 달 만에 팔아서 세금과 비용을 빼고도 4,000만 원 정도의 차익을 얻었습니다.

애초에 저의 의도는 부동산에 대해 모르는 사람들이 너무 많으니 이벤트를 통해서 부동산에 좀 더 관심을 갖게 하는 데 있었습니다. 하지만 대부분은 아파트를 받는 데만 관심이 있었고, 못 받게 되자 화를 내는 상황이 된 것이지요. 요는, 강남 부동산이 좋은 건 누구나 알지만 갖지 못할 거라고 미리 체념하기 때문에 관심이 없는 겁니다.

또 하나의 이유는 실제 강남 부동산의 가치를 잘 모르기 때문입니다. 샤넬 백에는 제조사에서 부여한 가격표가 있습니다. 그래서 그 가격을 기준으로 싼지 비싼지가 정해지며 아파트 분양 역시 분양가가 정해져 있어서 그것을 기준으로 싼지 비싼지를 알 수 있습니다. 하지만 누군가가 공식적으로 가격을 알려주지 않는 물건은 어떨까요? 정가를 모르면 그 가격이 높은지 낮은지 알기 위해 발품을 팔아 직접 알아봐야만 합니다. 30억 원짜리 건물이 25억 원에 나왔다고 해도 애초에 그 건물의 가치를 모르는 사람은 비싸다는 생각에 절대 살 수가 없습니다. 하지만 300만 원짜리 샤넬 백을 250만 원에 판다고 하면 줄을 서서 사겠지요.

강꼬빌딩을 처음 알아보는 사람이라면 현재의 시장 가격을 인정하는 자세부터 가져야 합니다. 강꼬빌딩은 규모와 모양이 다른 것은 기본이고, 관리 상태도 천차만별입니다. 아파트와 비교하면 그 깔끔함이나 관리 상태가 떨어지는 것이 태반이다 보니 가격을 듣고 나면 터무니없이 비싸다는 생각부터 듭니다. 이런 생각을 하는 순간 강꼬빌딩 사기는 먼 나라 이야기가 되어버립니다.

가격이 얼마가 됐든 일단 시장에 나온 가격을 인정하는 것이 강꼬빌딩을 처음 접하는 사람이 해야 할 생각입니다. 물론 가격이 높고 낮음은 있을 수 있지만 터무니없는 가격은 존재하기 어렵습니다.

우선은 시장 가격을 인정하고 나의 안목을 높여가야 합니다. 그리고 아파트를 보는 눈과 강꼬빌딩을 보는 눈은 달라야 합니다. 물론 부동산이라는 본질은 같아서 둘 다 입지가 중요하지만, 아파트는 학군에 가장 많이 영향을 받고 강꼬빌딩은 임대 수요에 가장 영향을 많이 받습니다(임대 수요 이외에도 빌딩의 구조, 인테리어, 지역적인 기대심리 등도 고려해야 하지만, 대표적인 고려 요소인 임대 수요를 예로 들었습니다).

가격이 비싸다고 치부해버리기 전에 가격을 인정하고 왜 그 가격이 됐는지 이유를 찾아봅니다. 그 과정을 수차례 반복하다 보면 나만의 가격 판단 기준이 생기고 그 이후에는 가격의 높고 낮음을 판단할 수 있습니다. 강꼬빌딩을 살 수 있는 여력이 있는 사람이라 할지라도 시세와 가치를 모르면 불안해서 살 수가 없습니다. 강꼬빌 딩에 관심이 있거나 사려고 한다면 샤넬 백의 가격처럼 강꼬빌딩의 가격과 가치부터 파악하는 것이 첫걸음입니다.

건물에는 관심이 없고 아파트 투자만 하는 사람들이 있습니다. 하지만 아파트로 재테크를 하는 분들은 자산은 많아도 현금흐름이 충분하지 않을 때가 많습니다. 수십억 원의 자산을 갖고도 월 소득이 충분하지 않고, 갖고 있던 아파트를 팔려 해도 양도소득세가 무서워 팔지도 못합니다. 그러다 종잣돈이 모이면 다시 익숙한 아파트를 삽니다. 내 건물에서 월세를 받으며 경제적으로 걱정 없이 사는 삶과 아파트에 살면서 소득이 줄거나 잔고가 줄어드는 삶 중 무엇이 더 나은 선택일까요? 은퇴 시점에는 거주가 해결되면서 현금흐름이 생기는 부동산이 필요하며 꼬마빌딩은 이에 가장 적합한 투자 대상입니다.

2

언제까지 아파트에만
투자할 것인가?

아파트 vs 꼬마빌딩

🏢 강꼬빌딩을 선택해야 하는 이유 ● •

8년 전쯤 반포 80평대 브랜드 아파트에 사는 분을 상담한 적이 있습니다. 대기업 상무로 은퇴한 지 6개월 정도 된 상황이었고 아내와 자녀 한 명과 함께 살고 있었으며 아파트 담보대출은 3억 원이 채 되지 않았습니다. 당시 그 아파트의 가격은 30억 원대 초반이었습니다. 그분은 아파트를 팔아 건물로 갈아타고 주인 세대에 거주하기를 원했지만, 거의 1년간 여러 건물을 살펴보기만 할 뿐 결정을 내리지 못하고 있었습니다. 아파트에서 건물로 주거를 옮기는 것이 망설여졌고 한동네에 사는 사람들의 시선이 걱정됐기 때문입니다. 또 아파트 가격이 최고점에 올랐을 때보다 떨어져 팔기가 아까운 것도 이유 중 하나였습니다.

물론 아파트에서 건물로 주거를 옮기면 주차나 공용 부분 청소, 관리 등 신경 써야 할 부분이 많이 늘어납니다. 아파트에서 몸은 편하되 경제적인 불안감을 안고 사느냐 아니면 신경 쓸 일은 생기지만 든든한 마음으로 사느냐의 갈림길에 서게 됩니다.

그분이 살던 아파트는 2021년 현재 최고 가격이 54억 원 정도입니다. 지금까지 갖고 있었다면 20억 원이 넘는 돈을 벌었을 테지요. 물론 그동안 생활비는 퇴직금으로 충당하거나 모자랐다면 일해서 번 돈 혹은 담보대출을 받아 해결했을 겁니다.

그런데 만약 아파트를 팔고 건물을 샀다면 어땠을까요?

당시 30억 원 정도를 대출받아 60억 원대의 건물을 샀다면, 퇴직금은 고스란히 여유자금으로 남아 있고 월세로 생활비를 충당했을 겁니다. 당시 60억 원 대이던 강꼬빌딩은 현재 최소 100억 원 이상의 시세를 형성하고 있습니다.

두 경우를 비교하면서 세금 문제를 고려하지 않았지만, 양도소득세나 건물을 살 때의 세금과 중개수수료, 월세에 대한 소득세 등을 감안해도 큰 틀과 흐름에는 변화가 없습니다.

우리는 여행하면서 생각지도 못한 불편을 겪을 때가 있습니다. 비행기에서 큰 소리로 우는 아이로 인해 난감할 때도 있고, 현지 음식이나 물이 맞지 않아 배탈이 날 수도 있습니다. 관광지에서 소소하게 바가지를 쓰는 일을 겪을 수도 있습니다. 그러나 누구도 이러한 불편함을 떠올리며 여행 자체를 포기하지는 않습니다.

부동산도 여행과 마찬가지입니다. 여행을 안 가는 것보다 가는 것이 훨씬 낫듯이 부동산이 없어 세금을 안 내는 것보다 강꼬빌딩에서 월세를 받으며 세금과 비용을 내는 편이 훨씬 더 낫다는 것은 자명한 사실입니다. 또한 세금은 내야 할 만큼만 내며, 그 금액이 늘어난다는 것은 본인의 자산이 많아지고 부자가 되어간다는 의미이기도 합니다.

강꼬빌딩을 선택해야 하는 이유는 다음과 같습니다.

월세 소득 발생

사람은 누구나 죽을 때까지 경제적으로 안정적인 생활을 원합니다. 은퇴나 퇴직 이후에 현금흐름이 있어야 하지만 나이가 들수록 일을 해서 돈을 벌기가 힘듭니다. 이때 필요한 것이 투자인데, 모험과 위험을 감수하면서도 큰 수익을 원하는 사람에게는 사업이나 그 외 다른 투자가 맞을 수 있지만, 안정적이면서 확실한 투자를 원하는 사람에게는 빌딩을 대신할 만한 것이 없습니다.

물론 빌딩 투자 이외에 아파트 투자도 있지만, 아파트는 꼬마빌딩보다 임대 수익률이 현저히 낮습니다. 즉 같은 금액의 임대료를 받기 위해서는 더 많은 투자금이 필요합니다. 또한 아파트 투자로 월세를 받기 위해서는 두 채 이상이 필요합니다. 한 채는 본인이 거주하고 나머지 한 채를 임대해야 하는데, 거주비용이 많이 들뿐더러 월세 수익률도 낮습니다.

거주와 월세 모두 해결

생활의 편리함은 꼬마빌딩보다 아파트가 좋지만, 내 건물에서 월세를 받으며 경제적으로 걱정 없이 사는 삶과 아파트에 살면서 소득이 줄거나 잔고가 줄어드는 삶 중 무엇이 더 나은 선택일까요?

8년 전쯤 은퇴한 지 5년 정도 된 분과 상담한 적이 있습니다. 그분은 서울 송파구에 50평대 아파트를 갖고 있었으며 당시 그 아파트는 10억 원이 넘는 가격이었습니다. 문득 매달 생활비는 어떻게 마련하는지 궁금해 물었더니 "주택담보대출을 받은 돈으로 대출이자를 내고 생활비를 쓰고 있어요"라고 했습니다. 저는 깜짝 놀라지 않을 수 없었습니다. 송파에 50평대 아파트에 살면 부자라고 볼 수 있는데, 대출해서 이자를 내며 생활비를 쓰고 있다니!

그분은 집값이 고점을 회복하면 팔 생각이며, 그때까지는 대출로 버틸 생각이라고 했습니다. 물론 당시 송파구 아파트는 대출도 잘되고 대출금액도 높으니 당분간 생활비와 이자를 감당하는 데 문제는 없었을 테지만, 대출한 돈에서 매달 대출이자와 생활비가 빠져나가 통장 잔고가 줄어드는 것을 보는 심정은 어떨까요? 그리고 그 통장 잔고조차 빚으로 만들어진 것이라는 사실은 하루하루를 더 초조하고 불안하게 했을 겁니다.

그분이 아파트를 팔고 꼬마빌딩을 샀다면 어땠을까요? 당시 해당 아파트를 팔아서 살 수 있는 건물은 강남 3구의 30~40억 원대 빌딩이었습니다. 50평대 아파트보다는 작은 곳에서 살아야겠지만 매달 생활비는 월세로 충당할 수 있었을 겁니다. 물론 아파트보다 두 배가량 높은 가격 상승도 얻을 수 있었을 테지요. 은퇴 시점에는 거주가 해결되면서 현금흐름이 생기는 부동산이 필요하며, 꼬마빌딩은 이에 가장 적합한 투자 대상입니다.

아파트 다음의 부동산 재테크 방법

강남 아파트를 팔아서 강꼬빌딩을 소유하고 싶어 하는 사람은 매우 많지만 강꼬빌딩을 팔아서 강남에 아파트를 사려는 사람은 거의 없을 겁니다. 강남 아파트보다 강꼬빌딩이 낫다는 말이라기보다, 순서가 있다는 말입니다.

자기 집을 팔고 건물을 사는 사례는 있어도, 집을 가져본 적 없이 먼저 건물부터 사는 사람은 극히 드뭅니다. 즉 건물을 사는 경우를 살펴보면 부모가 건물을 사주거나 로또에 당첨되거나 상속을 받지 않는 이상 모두 다 자기 집을 갖고 있거나 가져본 적이 있습니다. 건물을 사는 사람은 반드시 자기 집을 사본 경험이 있으며 그 이후에 건물에 관심을 보입니다. 물론 건물에는 관심이 없고 아파트 투자만 하는 사람들도 있습니다. 하지만 아파트로 재테크를 하는 분들은 자산은 많아도 현금흐름이 충분하지 않을 때가 많습니다.

수십 억 원의 자산을 갖고도 월 소득이 충분하지 않아서 팔자니 양도소득세가 무서워 팔지도 못하는 상황이 벌어지기도 합니다. 그러다 종잣돈이 모이면 다시 익숙한 아파트를 삽니다. 산수에서 더하기와 빼기에 능숙해지면 곱하기와 나누기로 넘어가야 하는데 계속 더하기와 빼기만 하는 상황이라고 볼 수 있습니다.

부동산 재테크에는 단계가 있습니다. 1단계는 단독주택이든 다세대주택이든 오피스텔이든 아파트든 자기 집을 사는 것입니다. 2단계는 본인이 산 것과 비슷한 물건을 하나 더 사는 것입니다. 1단계의 복습인 셈이죠. 3단계는 본인이 익숙한 집 대신 월세를 받을 수 있는 상가나 사무실, 오피스텔, 꼬마빌딩 등을 사는 것입니다. 4단계는 3단계의 복습입니다. 이후 5단계는 그 규모를 키워가는 것입니다.

많은 사람이 2단계에서 3단계로 넘어가지 못하고 머물 때가 많습니다. 이는 두려움 때문입니다. 아파트를 여러 채 가진 사람이더라도 건물 혹은 꼬마빌딩이라고 하면 막연한 두려움을 느낍니다. '아파트값이 이 정도인데 건물은 얼마나 비싸겠어?' 혹은 '건물은 엄청난 부자들이나 사는 거지, 나같이 평범한 사람은 사기 어려울 거야'라고 생각합니다. 본인의 자산으로 혹은 대출을 받아서 충분히 살 수 있음에도 지레 겁을 먹는 사람들이 많은 것이 사실입니다. 2단계에서 3단계로 꼭 넘어가야 하는 것은 아니지만 막연한 두려움 때문에 선택지를 버리는 것은 안타까운 일입니다.

3단계로 넘어가는 시점은 자녀의 대학 진학 전후, 자녀가 없다면 은퇴 5~10년 전이 적당합니다. 물론 그보다 더 빠른 시기에 3단계로 넘어간다면 더할 나위 없이 좋습니다. 풍요로운 노후를 대비하고자 한다면 말입니다.

🏢 인터넷 시대에도 기업들은 강남에 있다 ● ●

코로나19로 인해 우리나라를 비롯해 전 세계가 어려움을 겪고 있습니다. 자영업자들은 영업 시간 단축과 매출 부진으로 사업을 지속하기 어렵고, 그로 인해 공실이 생기기도 하며 공실이 많은 건물은 월세 소득이 줄거나 심하면 아예 없기도 합니다. 이런 상황에서 과연 꼬마빌딩, 강꼬빌딩을 사도 괜찮을까요?

더군다나 오프라인에서 온라인으로 소비가 옮겨가면서 평균적으로 10곳 중 1곳이 공실인 상황이며, 온라인 소비는 지금보다 더 비약적으로 늘어날 전망입니다. 과연 우리는 강꼬빌딩을 어떻게 바라봐야 할까요?

10년, 20년 전에 비해 사회 시스템의 온라인화는 천지가 개벽할 수준입니다. 그런데 부동산 시장은 어떨까요? 과연 외곽 지역의 선호도가 이전보다 높아졌나요? 아니면 핵심 지역의 선호도가 더 높아졌나요? 쉽게 말해 온라인 시장이 비약적으로 커진 지금 강남의 아파트값을 넘어서는 아파트가 존재할까요? 혹은 강남의 빌딩 가격을 뛰어넘는 빌딩이 존재할까요?

역설적이게도 우리나라 유니콘 기업* 중에서 온라인 시장을 주도하는 7개 회사 중 5개의 본사가 강남에 있고(무신사-신사동, 옐로모바일-신사동, 비바리퍼블리카-역삼동, 야놀자-삼성동, 위메프-삼성동) 나머지 2개는 송파(쿠팡-잠실 6동, 우아한형제들-방이동)에 있습니다.

온라인으로 모든 일을 할 수 있는 시대에 그것을 주도하는 대표적인 기업들은 왜 건물 가격과 임대료가 낮은 외곽에 자리 잡지 않고 강남, 송파에 자리를 잡을까요?

---

* **유니콘 기업** 기업 가치가 1조 원 이상인 비상장 스타트업 기업. 우리나라에는 쿠팡, 크래프톤, 옐로모바일, 비바리퍼블리카 등 현재 12곳이 있다.

이런 사실이 의미하는 건, 아무리 온라인 시장이 발전하고 커진다 해도 부동산 시장의 판도는 좀처럼 바뀌지 않으리라는 점입니다. 그리고 우리는 IMF, 금융위기, 메르스와 같은 위기를 겪어왔습니다. 위기는 매번 심각했지만 이미 우리는 극복하고 지난 시절의 기억으로 떠올립니다.

코로나19 또한 마찬가지겠지요. 시간이 걸리더라도 메르스처럼 극복되거나 아니면 인류와 함께하는 질병으로 남겠지요. 코로나19가 극복된다면 우리 사회는 원래의 상황으로 빠르게 회복될 겁니다. 설사 극복되지 않더라도 더욱 진화된 형태로 회복될 것입니다.

키오스크, 무인 독서실, 무인 카페, 무인 주차장 등 비대면 서비스를 제공하는 업체들이 이미 자리를 잡고 있습니다. 코로나19로 미래가 앞당겨졌을 뿐입니다. 우리 사회 그리고 부동산은 새로운 환경에 맞게 변화할 뿐 본질에는 변화가 없을 것입니다.

강남 아파트 5채 팔고 선택한 재테크의 결과

친분은 친분, 투자는 투자

4년 전쯤 상담을 왔던 한 개원의는 한때 자산가였습니다. 도곡동에 거주하며 강남에 아파트 5채를 갖고 있었는데 곧 재건축될 아파트부터 신축 아파트까지 모두 입지가 좋아서 미래 가치가 높았습니다. 소득도 세후 월 2,000만 원 정도였기에 노후를 걱정하지 않아도 됐습니다.

상담하기 4년 전쯤 그는 한 남자와 친해졌는데, 그 남자가 말하길 이제 부동산으로 재테크를 하는 시대는 끝났다고 했답니다. "선진국처럼 금융으로 재테크를 해야 한다" "아파트만 5채 있고 금융 자산이 없으면 앞으로 힘들어질 것이다" 같은 말을 듣고 의사는 아파트 하나를 팔아서 보험에 가입했습니다.

의사와 그 남자는 자주 모임을 가지며 더욱더 친밀해졌고 그럴수록 의사는 더 많은 금융상품과 보험에 가입하게 됐습니다. 시간이 흘러 의사는 거주하는 아파트를 제외한 나머지 4채를 전부 팔았습니다. 대치동, 도곡동, 삼성동에 있던 아파트를 팔아서 그 남자의 추천대로 보험과 금융상품, 주식에 투자한 결과는 과연 어땠을까요?

간단히 말하면 투자 결과는 크게 세 가지로 나눌 수 있었습니다. 본전인 것, 약간 수익을 얻은 것, 손실이 꽤 큰 것. 합치면 적지 않은 손실을 낸 셈입니다. 그 사이 팔아버린 아파트 4채는 두 배 이상 가격이 상승했습니다. 가만히 갖고만 있었어도 100억 원대 자산가가 될 수 있었습니다.

금융상품보다 부동산이 훨씬 좋다거나 금융상품 투자는 결국 손해가 난다는 말을 하려는 것이 아닙니다. 모든 분야에는 성공하는 사람이 있고 금융상품이나 주식에서도 이익을 얻는 사람이 있기 때문에 어떤 투자는 맞고 어떤 투자는 틀렸다고 생각하지 않습니다.

다만 자산 이동이나 투자를 할 때는 객관적인 시각과 판단으로 결정해야지 친분에 따라 결정해서는 안 된다는 것입니다. 친한 사람과 맛있는 음식을 나눠 먹는 것과 친한 사람이 하는 음식 장사에 투자하는 것은 전혀 다른 이야기입니다. 맛있는 음식이야 얼마든지 나눠 먹을 수 있지만, 친하다고 음식 장사에 투자하는 것은 이후에 큰 손실은 물론이고 그 사람과의 관계까지 틀어질 수 있습니다.

투자해서 손해를 입는 경우를 보면 친한 사람의 권유에서 시작됐을 때가 많습니다. 심지어 사기도 대부분 친밀함에서 시작됩니다. 사람은 감정의 동물이기에 친한 사람의 말은 호의적으로 받아들이지만 호의는 호의로 끝나야지 투자까지 이어져서는 안 됩니다. 투자는 이성적으로 이뤄져야 하며 그렇게 얻은 이익으로 친한 사람에게 맛있는 음식을 대접하는 것이 투자도 잘하고 인간관계도 지키는 방법입니다.

의사가 저를 찾아왔을 때는 아파트 하나만 남은 상황인 데다 병원에서 얻는 소득도 1,000만 원 정도로 낮아졌고 소득 대부분이 생활비로 나가 저축할 수 없는 상황이었습니다. 당장 생활은 문제가 없었지만, 병원 매출이 조금이라도 더 떨어지거나 지출이 조금 더 늘어난다면 곤란해지는 것은 불 보듯 빤한 상황이었습니다.

03

도대체 왜 강남인가?

🏢 사람들을 끌어당기는 매력적인 곳

우리나라에는 서울특별시 외에도 부산, 울산, 대구, 대전, 광주, 인천 등 총 6개의 광역시가 있습니다. 즉 꼬마빌딩을 살 수 있는 지역이 많다는 이야기죠. 그런데 왜 저는 다른 곳도 아닌 서울, 서울에서도 강남을 선택했을까요? '우리나라에서 부동산 가격이 비싼 곳이니까!' 혹은 '다들 강남이 좋다고 하니까!'라고 생각할 수도 있겠지만, 좀 더 구체적인 이유가 있습니다.

우선 강남은 수많은 직장이 몰려 있는 곳입니다. 직장이 많다는 것은 인구가 유입된다는 것을 뜻합니다. 그 결과 상권이 형성되고 부동산의 가치 역시 올라갑니다. 또한 직장 인근에서 살고 싶어 하는 1~2인 가구의 임대 수요 역시 풍부합니다. 즉 강꼬빌딩에 임대를 들어올 사람들이 많다는 것이지요.

또한 강남에는 대규모 아파트 단지를 비롯해 고급 주상복합 및 400여 개에 육박하는 오피스텔, 건물이 있고 대로변 뒤편으로는 빌라와 단독주택들도 많습니다. 즉 직장이 많아서 인구 유입이 이루어지는 동시에 주거가 밀집해 있어 상주하는 인구가 충분합니다. 직장인 상권은 대체로 주말과 밤 10시 이후에 조용해지지만, 상주하는 인구가 많은 강남은 주 7일 상권을 넘어 24시간 상권이 발달해 있습니다.

과거에는 8시 출근, 6시 퇴근이 일반적이었는데 요즘은 일자리마다 출퇴근 시간이 다양해졌습니다. 또한 근무 시간이 자유로운 1~2인 가구를 위해 잘 발달한 24시간 상권은 생활의 편의성을 더해줍니다. 강남은 거의 모든 것이 24시간 배달되는 곳이기도 합니다.

직장과 주거만 밀집해 있어도 좋은 여건인데, 강남은 초·중·고교까지 충분하고 학군 역시 우리나라에서 최고 수준이라고 볼 수 있습니다. 1~2인 가구뿐만 아니라 자녀가 있는 가구 역시 살기 좋은 여건을 갖추고 있습니다. 학교는 직장과 마찬가지로 인구를 끌어들이는 역할을 합니다.

마지막으로 강남에는 2·3·7·9호선과 분당선, 신분당선 등 총 6개의 지하철이 다닙니다. 그로 인해 강남 대부분의 지역이 지하철

역세권입니다. 교통이 좋다는 것은 상주하는 인구에게도 유용하지만 외부에서 들어오는 사람에게도 편리함을 제공합니다. 이처럼 많은 직장과 발달한 교통은 상호 보완 관계에 있습니다. 이외에 백화점, 병원, 복합쇼핑몰, 유명 레스토랑, 명품 거리 등 사람들을 끌어당기는 요소가 복합적으로 자리 잡고 있습니다. 가령 병원 때문에 멀리서 찾아오기도 하지요. 화려한 백화점, 유명 셰프가 있는 레스토랑 등도 마찬가지입니다.

이처럼 강남은 직장, 주거, 교통, 학군 등 모든 것이 우수하며 이외에도 인구 유입을 만들어내는 여러 조건을 갖추고 있습니다. 부동산의 가치는 상주인구, 유입인구 그리고 그곳에 들어와서 살고 싶어 하는 인구를 통해 정해진다고 볼 때 강남은 가치가 높은 지역입니다.

🏢 오를 대로 오른 곳이 아니라 앞으로 더 오를 곳 ● ●

강남 하면 부동산 가격이 이미 오를 대로 오른 지역이라는 인식이 있습니다. 부동산은 가격이 쌀 때 사서 비쌀 때 팔아야 하는데 이미 많이 올랐으니 가격이 더 오를 가능성이 있는 다른 지역을 사야 한다는 주장도 있습니다.

쌀 때 사서 비쌀 때 파는 것이 부동산 투자로 이익을 얻는 방법이지만, 빌딩을 살 때는 한 가지를 더 생각해야 합니다. 바로 안정적인 월세 수익입니다. 월세 수익을 얻기 위해서는 시세차익형 부동산을 선택할 때와는 달리 현재 가치가 높고 앞으로도 그 가치가 유지되거나 상승하는 지역을 선택해야 합니다. 예를 들어 지금도 세입자가 많고 앞으로도 그 임대 수요가 이어질 지역을 선택하는 것이지요. 시세차익형 부동산을 살 때의 기준으로 빌딩을 선택했다가는 잘못된 결과를 얻을 수 있습니다.

그리고 현재 가격이 높다고 해서 가격이 더 오를 가능성이 적다고 볼 수도 없으며, 현재 가격이 낮다고 해서 무조건 오를 가능성이 많다고 볼 수도 없습니다. 부동산 가격의 변화는 해당 부동산의 가치에 따른 것이지 현재 가격이 기준이 될 수는 없습니다(물론 부동산의 가치 외에 기대심리에 의해 가격이 오르내리기도 하지만 기대심리가 반영된 가격 변화는 시간이 지남에 따라 제자리를 찾아가게 마련입니다).

그리고 꼬마빌딩은 시세차익과 월세 수익 둘 다를 얻을 수 있는 복합수익형 부동산이지만, 꼬마빌딩의 근간은 월세 수익에 있습니다. 월세 수익이 없는, 즉 세입자가 없는 꼬마빌딩은 상상할 수도 없으며 살 이유가 없습니다. 매달 안정적으로 월세가 나오지만 시세는 크게 오르지 않는 꼬마빌딩은 살 수도 있지만, 현재 세입자가 없어 월세는 나오지 않지만 나중에 가격이 오를지도 모른다는 이유로 꼬마빌딩을 사서는 안 됩니다. 물론 이런 물건이 존재하기도 어렵지만요.

현재 가격이 비싸다는 것은 가치가 높다는 것을 의미하고, 이런 면에서 볼 때 강남은 오를 대로 오른 지역이 아니라 앞으로 더 오를 지역으로 보는 것이 더 타당할 듯합니다. 사실 시세차익 면에서 볼 때도 강남이 다른 지역보다 나으면 나았지 덜한 지역은 결코 아니지요. 즉 미래 가치 역시 높은 지역입니다.

강남이 좋은 거야 다 알지만 그렇다고 누구나 강남에 있는 꼬마빌딩을 살 수는 없습니다. 자금 부족이 가장 큰 이유겠지요. 혹은 강남에 접근하기 어려워서일 수도 있습니다. 이런 분들은 본인이 사는 지역이나 잘 아는 지역에서 강남의 여건을 갖추고 있는 입지를 찾으면 됩니다. 앞서 이야기했듯이 직장, 주거, 학교, 교통 등 네 가지 요소를 갖추고 있으면서 생활편의시설이 두루 있는 곳입니다.

단, 우선순위가 있다는 점에 주의해야 합니다. 우선순위는 어떤 용도로 구입하려는 것인지, 어떤 세입자를 들일 계획인지에 따라 달라집니다. 예를 들어 1~2인 가구를 세입자로 들일 생각이라면, 우선순위는 다음과 같습니다.

1~2인 가구는 다른 무엇보다 직장 근처를 선호하며 학교는 전혀 상관없는 요소가 됩니다. 하지만 3~4인 가구를 대상으로 한다면, 우선순위가 다음과 같이 달라집니다.

1~2인 가구는 거주지를 선택할 때 얼마나 생활하기 편리한가를 최우선으로 꼽습니다. 그래서 직장이 가깝고 교통이 편리한 지역을 선택합니다. 하지만 3~4인 가구는 거주지를 선택하는 기준이 본인들의 편리함이 아니라 자녀가 통학하는 데 안전하고 편리한지가 최우선이 됩니다. 3~4인 가구에게 학교는 선택사항이 아니라 강제사항이라고 보면 됩니다.

그리고 주거용 임대가 아니라 상가 및 사무실용으로 임대를 할 경우의 우선순위는 다음과 같습니다.

이 네 가지 중 하나만이라도 확실한 지역이라면 괜찮은 선택이 될

수 있습니다. 테헤란로와 같이 직장이 많은 지역은 저층에는 도소매점, 그 위로는 사무실로 임대할 수 있고 교통이 뛰어난 곳이라면 조금 외곽이라도 편안한 주차를 원하는 업장이 들어올 수 있습니다.

또한 대치동과 같이 주거가 집중된 지역은 생활밀착형 도소매점(편의점, 세탁소, 약국 등)과 학원 임대에, 대학가 앞은 학생들을 대상으로 하는 매장 임대에 유리한 것은 두말할 필요가 없습니다.

물론 두 가지 요소 이상을 갖춘 곳이라면 더할 나위 없이 좋은 선택이 됩니다. 내가 사는 지역 혹은 잘 아는 지역에서 강남의 요건과 비슷한 곳을 찾았다고 하더라도 이러한 네 가지 요소 중 어떤 것들이 있는지, 그에 따라 어떤 세입자들이 많이 모여드는지를 판단해서 꼬마빌딩을 선택해야 합니다.

04

꼬마빌딩에 투자해야 하는 이유

🏢 모든 부동산의 장점을 보유한 꼬마빌딩 ● ○

7층 내외 규모로 1종·2종·3종 주거지에 있는 건물을 꼬마빌딩이라고 부릅니다. 흔히 '빌라'라고 부르는 주거용 건물(1층은 주로 주차장이지만 작은 상가가 있는 경우도 포함)과 건물 전체가 상가로 쓰이는 근린생활시설*이 여기에 해당합니다.

그리고 월세를 받을 수 있는 수익형 부동산에는 아파트, 오피스텔, 상가 등이 있는데 아파트는 월세를 받을 수 있으나 매매가 대비

---

* **근린생활시설** 주택가에서 생활에 필요한 시설(병원, 마트, 베이커리, 카페, 헤어숍, 음식점 등).

수익률이 낮아 시세차익형 부동산으로 볼 수 있습니다. 그리고 오 피스텔은 수익률이 아파트보다 높지만 소액 투자에 적합한 부동산 으로, 꼬마빌딩을 사기 전 단계로 투자하기에 적절합니다. 상가는 잘만 사면 안정적인 임대 수익을 올릴 수 있습니다. 하지만 코로나 19로 더욱 가속화된 온라인화로 인해 상권과 입지가 장사에 미치는 영향이 과거보다 약해졌습니다. 즉 임대 들어오는 사업자의 브랜드 와 영업 능력이 상권과 입지보다 더 중요해지고 있으며 상가의 가 치도 그것에 의해 좌지우지되기도 합니다. 예를 들어 별 볼일 없던 상가에 스타벅스가 들어오면 건물 가치가 높아지고 인근에 사람들 이 모이지요.

스타벅스처럼 브랜드 파워가 강력한 경우가 아니라면 매장들은 인구 유입이 잘되는 곳을 선호합니다. 즉 상가는 인구 유입이 되지 않으면 아무리 월세를 싸게 내놓아도 세입자를 구할 수 없습니다. 뉴스를 보니 과거 번화했던 분양형 테마상가가 지금은 세입자를 구 하지 못해 월세는커녕 관리비만 내고 쓸 세입자를 구하는 형편이라 고 하는데, 그마저도 구하지 못해 소유자가 관리비를 내는 일도 있 다고 합니다.

온라인 시장은 비약적으로 성장했습니다. 오프라인 매장에서 사 던 가전제품, 옷, 가구, 식료품 등도 온라인 시장으로 많은 부분 옮 겨 간 상황이며 그로 인해 해당 업종에서 상권의 중요도가 이전보다 약해지고 있습니다.

전자제품도 매장에 가서 눈으로 보고 온라인에서 최저가로 구입하는 경우가 허다하며 옷, 가구 역시 마찬가지입니다. 그래서 과거에 성행하던 여러 가지 테마상가(전자제품, 패션, 주얼리 등등)는 이제 더 이상 이목을 끌지 못하며, 기존의 테마상가 역시 고전을 면치 못하고 있습니다.

그뿐만 아니라 신규로 분양하는 상가 역시 처음의 기대와는 달리 세입자를 구하지 못해 곤란한 경우가 많습니다. 대표적으로 자족 도시 및 신도시 상가를 들 수 있는데 상가 분양 당시만 해도 많은 사람의 관심으로 완판되고 프리미엄이 붙기도 했습니다. 하지만 지금은 빈 상가가 많으며, 공실 장기화로 임대료를 할인해도 세입자를 구하기 힘든 상황입니다. 신규로 조성되는 지역, 새로 개발되는 지역의 상가를 분양받을 생각이 있다면 매우 신중해야 합니다.

기존 세입자가 있는 상가는 신규 분양 상가보다 위험성이 덜하지만, 기존 상가에 투자할 때도 임대 가격과 주변의 임대 시세는 반드시 비교해봐야 합니다. 만약 임대 가격과 주변 임대 시세가 크게 차이 난다면 낮은 금액을 기준으로 생각하는 것이 실수를 줄이는 방법입니다.

모든 아파트, 모든 오피스텔, 모든 분양 상가보다 꼬마빌딩이 무조건 낫다고 할 수는 없지만 꼬마빌딩은 각 부동산의 장점을 모두 갖고 있습니다. 꼬마빌딩은 아파트처럼 시세차익을 얻을 수 있고, 오피스텔처럼 적정한 수익률의 월세를 받을 수도 있습니다. 또한 전체 상가의 상권이 살아야 임대가 가능한 분양 상가와 달리 꼬마빌딩은 독립적으로 임대할 수도 있습니다. 즉 꼬마빌딩은 주거, 소형 상가, 소형 사무실로 이루어져 있어서 임대 안정성이 비교적 높으며 시세차익과 월세를 동시에 얻을 수 있는 복합수익형 부동산입니다. 주인 세대가 있는 꼬마빌딩은 거주를 해결할 수 있다는 장점도 있습니다.

꼬마빌딩이 가진 장점이 많지만, 적지 않은 자금이 필요해 관심 밖일 때가 많습니다. 하지만 실제로 꼬마빌딩을 사는 데 필요한 금액이 생각보다 적을 때도 있습니다. 지금 사는 아파트를 팔고 자산을 모두 합치면 가능할 수도 있지만 막연한 심리적 부담으로 알아보지도 않고 꿈으로만 간직합니다. 일단 얼마의 자금이 필요한지부터 알아본 후 자신의 여건에 맞는 꼬마빌딩을 찾아보는 것이 좋습니다.

05

강꼬빌딩의 가격은 내려간 적이 없다

🏢 코로나19가 강꼬빌딩 가격에 미친 영향은? ● ● ●

그동안 아파트값은 가파르게 상승했는데 강꼬빌딩의 가격 변화는 과연 어땠을까요? 그리고 앞으로는 어떨까요?

강꼬빌딩은 지난 20년간 가격이 상승해왔습니다. 부동산 가격이 폭락했다고 알고 있는 금융위기 때도 다른 부동산 가격은 크게 하락했지만 강꼬빌딩의 가격은 내려가지 않았습니다. 건물은 기본적으로 땅을 포함하고 있어서 땅 가격의 변화를 보면 건물 가격의 변화도 알 수 있습니다. 강남 3구 상업지역과 주거지역 지가지수를 포함해 서울 상업지역과 주거지역 지가지수를 보면 가격이 계속 오른 것을 확인할 수 있습니다.

서울과 강남 3구 상업지역 지가지수

지역	2020.01	2020.02	2020.03	2020.04	2020.05	2020.06	2020.07	2020.08	2020.09	2020.10	2020.11	2020.12
서울	97,482	97,887	98,170	98,466	98,825	99,184	99,577	100,000	100,445	100,843	101,270	101,733
서초구	98,045	98,389	98,573	98,711	98,946	99,103	99,519	100,000	100,621	101,279	101,873	102,467
강남구	96,150	96,816	97,211	97,654	98,240	98,874	99,435	100,000	100,562	100,944	101,400	101,859
송파구	98,515	98,718	98,925	99,196	99,419	99,528	99,734	100,000	100,339	100,778	101,200	101,693

서울과 강남 3구 주거지역 지가지수

지역	2020.01	2020.02	2020.03	2020.04	2020.05	2020.06	2020.07	2020.08	2020.09	2020.10	2020.11	2020.12
서울	97,373	97,786	98,134	98,437	98,763	99,138	99,577	100,000	100,392	100,767	101,176	101,616
서초구	97,179	97,614	97,972	98,330	98,642	99,009	99,498	100,000	100,398	100,772	101,301	101,835
강남구	97,260	97,620	97,925	98,221	98,663	99,064	99,522	100,000	100,389	100,809	101,353	101,912
송파구	96,825	97,353	97,818	98,123	98,523	98,990	99,542	100,000	100,501	100,903	101,370	101,936

출처 : 한국부동산원 통계 자료

2장 언제까지 아파트에만 투자할 것인가?

건물 소유주의 급한 사정 때문에 내놓은 초급매(계약금이 많고 잔금 날짜가 매우 짧은 경우)를 제외하고는 시세보다 낮게 거래된 예는 없다고 볼 수 있습니다. 경제위기 상황이 아니더라도 소유주가 사정이 급해서 내놓을 때는 시세보다 조금 낮은 가격에 거래되므로 그런 경우를 들어 가격 하락의 예라고 할 수는 없습니다. 이러한 특수한 경우를 제외하고는 강꼬빌딩이 시세보다 낮게 거래된 일은 거의 없습니다.

지금까지 가격이 내려간 적은 없지만 앞으로는 어떨까요? 계속 가격이 올랐으니 앞으로는 반대 상황이 될까요? 강남의 부동산 가격이 오를 대로 올랐다는 말이 많은 만큼 더 이상은 오르지 않을까요?

코로나19로 우리 삶의 형태가 많이 변했습니다. 원격근무와 온라인 수업, 온라인 쇼핑 증가로 사무실이 필요하지 않은 상황으로 가고 있습니다. 그러나 코로나19로 경제활동이 위축된 상황에서도 꼬마빌딩은 활발하게 거래되고 있습니다. 수익형 부동산을 찾는 자금이 대거 유입되면서 200억 원 이하의 꼬마빌딩 거래액이 2020년 상반기에만 사상 처음으로 10조 원을 넘어섰다는 기사도 있었습니다(조선비즈, '코로나 사태가 무색한 빌딩 시장', 2020년 8월).

코로나19 여파로 강꼬빌딩 가격이 이전보다 떨어진 경우는 극히 드뭅니다. 불경기는 가장 먼저 저소득층과 자산이 없는 사람으로 시작해서 마지막으로 고액 자산가의 순서로 영향을 미칩니다. 자영업자의 소득이 줄고 폐업을 하면서 공실이 생기기도 하지만 강꼬빌딩 소유주들이 코로나 19의 영향을 직접 받기까지는 지금(2021년 1월)부터 1년 이상의 시간이 걸릴 것으로 보입니다.

예를 들어 코로나19 이전에도 테헤란로의 건물 소유주들은 원치 않는 업종에 임대하기보다는 공실로 두는 편을 선택하기도 했으며, 강꼬빌딩의 경우 건물 전체를 통임대하기 위해 세입자를 들이지 않는 일도 빈번하게 있었습니다. 쉽게 말하면 경기의 움직임에 따라 삼성 주식이 급락하거나 급등하지 않는 것처럼 강꼬빌딩도 비슷합니다. 물론 예외는 있습니다. 높은 호가에 내놓았다가 거래가 가능한 값으로 낮추는 경우, 자녀에게 증여나 상속을 급하게 해줘야 하는 경우, 사업의 어려움으로 시세보다 낮은 가격에 내놓는 경우가 있습니다.

🏢 안정성이 우선, 그다음이 성장성

강남의 꼬마빌딩 가격이 내려간다면, 만약 그런 시기가 온다면, 그때 멀쩡하게 가격을 유지하는 부동산이 과연 존재할 수 있을까요? 강꼬빌딩의 가격이 내려간다는 것은 강남에서 사람들이 전부 빠져나가는 지경이 된다는 말인데, 그리되면 강남에서 빠져나간 사람들이 모이는 곳은 어디일까요? 과연 그런 지역이 우리나라에 있을 수 있을까요? 냉정하게 말해서 전쟁이 나지 않는 한 강남을 대체할 수 있는 곳은 없을 겁니다.

일산과 분당이 처음에는 비슷하게 가격이 형성됐지만 시간이 지남에 따라 분당이 훨씬 비싸진 이유, 판교가 분당에 비해 높은 시세를 형성하고 있는 이유, 성수동에 고급 주상복합이 지어질 수 있었던 이유, 옥수동 등지에 지어진 아파트가 높은 시세를 형성한 이유는 강남과 가깝다는 것 외에는 없습니다. 강남과 거리가 가깝다는 이유만으로도 부동산의 가치가 달라지는 것이죠. 굳이 통계로 예를 들고 학군을 하나하나 설명하며 인프라가 이렇게 잘 갖춰져 있다는 등의 설명을 하지 않아도 모두가 아는 사실입니다.

우리는 돈을 불리기 위해 재테크를 합니다. 100만 원을 120만 원, 150만 원으로 만들어가는 것이 재테크입니다. 그런데 만약에 100만 원이 80만 원이 되거나 70만 원이 된다면 어떨까요? 즉 재테크를 하면 돈이 불어난다고만 생각해서는 안 됩니다. 어떤 재테크든 손실을 볼 수 있는 리스크가 있습니다. 리스크가 큰 투자는 지양해야 한다고 생각합니다. 안정성이 있는 재테크를 꾸준히 해나갈 때 비로소 원하는 결과를 얻을 수 있습니다.

부동산 투자를 선택할 때도 마찬가지입니다. 기본적으로 안정성이 있는 곳, 그다음으로 성장성이 있는 곳을 선택해야 합니다. 강남은 방금 말한 안정성과 성장성 두 가지를 모두 갖고 있으며, 강꼬빌딩은 월세와 시세차익 모두를 기대할 수 있는 부동산입니다.

06

오랜 시간 관심을 갖고 지켜봐야

🏢 강꼬빌딩의 '시가'

횟집에 가면 종종 '시가'라는 단어를 만납니다. 광어나 우럭처럼 많이 양식되고 공급이 충분해서 가격이 빤히 정해진 생선이 아니라 자연산이나 잘 잡히지 않는 생선은 가격을 정해놓고 팔 수가 없습니다. '시가'라고 써놓고 그날 얼마나 잡혔는지 혹은 그날 형성된 가격에 따라 식당에서도 파는 가격이 정해집니다.

강꼬빌딩은 어떨까요? 공급량을 예측할 수 있을까요? 강꼬빌딩이 공급되는 경우는 두 가지입니다. 첫 번째는 소유주가 팔려고 내놓는 경우이고 두 번째는 누군가가 지어서 파는 경우입니다.

첫 번째를 예측하기란 매우 어렵습니다. 하지만 간혹 강꼬빌딩 소유주의 사정을 꿰뚫고 있는 부동산 중개인이 있어서 소유주가 언제쯤 무엇 때문에 팔지를 내다보기도 합니다. 예를 들어 자녀의 병원 개업 날짜에 맞춰 자금이 필요하다거나 배우자의 건강이 나빠져 단기간에 팔아야 하는 등의 사정이 있습니다. 이런 사정을 알려면 직접 발품을 팔 수밖에 없습니다. 아파트나 오피스텔처럼 시세가 정해진 부동산이라면 집에서 클릭 몇 번으로 가격을 알 수 있지만 강꼬빌딩은 직접 뛰어다녀야 하는 이유입니다. 이 때문에 아파트나 오피스텔에 투자할 때보다 망설이기도 합니다. 그래서 강꼬빌딩을 아직 틈새시장, 블루칩이라 볼 수도 있지요.

두 번째, 누군가가 지어서 파는 경우는 공급을 미리 알 수 있습니다. 다만 겉으로는 멀쩡해 보여도 내부가 엉성하거나 싼 자재를 쓴다든가 하는 문제가 있을 수 있어 주의해야 합니다. 실제로 기초 콘크리트 타설을 할 때 폐기물 처리비용이 아까워 온갖 쓰레기를 함께 매장하기도 하고, 설계도에 있는 구조대로 시공하지 않기도 합니다. 건물을 매도한 후에는 하자 수선을 나 몰라라 하는 일도 허다합니다. 그래서 누군가가 지어서 파는 건물을 산다면 그가 이전에 지은 건물에는 하자가 없었는지, 하자 보수는 잘해주었는지를 확인해야 합니다.

그렇다면 강꼬빌딩의 가격은 어느 정도일까요? 2021년 5월 기준으로 강꼬빌딩 중 가장 낮은 가격은 32억 3,000만 원입니다. 1993

년에 지어진 3층짜리 다가구건물이지요. 그 위로는 35~120억 원짜리까지 다양합니다. 120억 원대는 2002년에 지어진 지하 2층, 지상 6층짜리 건물로 대지 면적이 98평입니다. 5층까지는 상가와 사무실로 임대가 돼 있으며, 6층은 주택으로 임대하고 있습니다.

여기서 주의 깊게 살펴볼 게 있습니다. 아파트나 오피스텔은 구조가 거의 비슷해 가격 산정에서 고려해야 하는 부분이 층, 방향, 동만 있다면 강꼬빌딩은 크기, 위치, 구조, 연식, 임대 상황, 내부 시설 등 고려할 부분이 훨씬 더 많습니다. 아파트나 오피스텔은 하루 이틀 집중적으로 보면 가격에 대해 감이 오지만 강꼬빌딩은 하루 이틀에 볼 수 있는 매물의 개수도 매우 적고 비교해볼 수 있는 물건 수가 적습니다. 그렇기에 강꼬빌딩을 소유하려면 꽤 긴 시간의 관심과 발품이 필요합니다.

과거부터 지금까지 강남 아파트 가격을 보면 강꼬빌딩을 충분히 살 수 있는 가격대가 많았습니다. 그런데 강남에 아파트를 산다는 사람은 많이 봤어도 강꼬빌딩을 산다는 사람은 찾아보기 힘든 것이 바로 위와 같은 이유 때문입니다.

하지만 최근 부동산 세법(다주택자의 취득세 · 종합부동산세 · 양도소득세 중과) 변화로 인해 아파트에 투자하려던 사람들이 급격히 꼬마빌딩으로 관심을 돌리게 됐고, 늘어난 수요 때문에 강꼬빌딩의 가격에도 변화가 일고 있습니다.

현재 주거용 부동산은 대출 조건이 까다롭습니다. 대출 비율이 낮거나 대출이 안 되는 상황입니다. 하지만 주거용이 아닌 꼬마빌딩은 감정평가 금액의 50~70% 정도의 대출이 가능합니다. 처음 강꼬빌딩을 살 때는 내 자금보다 훨씬 더 많은 대출을 받아야 하니 겁이 나고 부담스러울 수 있습니다. 하지만 강꼬빌딩이 우량하기만 하다면 전혀 겁낼 필요가 없습니다. 공실 없이 임대가 활발히 돌아가고 있거나 임대가 확실히 되리라 예상되는 강꼬빌딩을 살 때는 대출을 최대한 활용해도 좋습니다. 그렇지 않은 부동산은 대출을 조금 받는 것이 아니라 아예 사지 않는 편이 낫습니다.

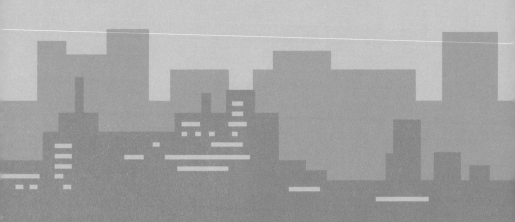

3

강꼬빌딩 한 채 갖기
프로젝트

얼마면 살 수 있을까?

🏢 소비를 위한 지출 VS 투자를 위한 지출 ● ●

누군가는 이렇게 말합니다.

"부동산을 살 때 대출 없이 사는 것이 진짜지, 대출을 끼고 사는 것은 무리고 허세다."

"진짜 부자는 대출 없이 부동산을 산다."

이런 말을 들으면 답답합니다. 가끔 TV에서 수십 년간 열심히 돈을 벌고 모아서 대출 없이 건물을 샀다는 이야기를 볼 때도 있습니다. 그럴 때는 꼭 '서민 부자' '착실한 부자' '착한 부자' 같은 수식어를 갖다 붙이며 그렇게 하는 것이 진짜 잘하는 것인 양 생각하게 만듭니다. 이는 부동산을 한 번도 사보지 못한 사람들이나 하는 말이지요. 상대적으로 확실한 부동산을 발견했다면 레버리지를 활용하는 것도 방법입니다. 물론 신중해야겠지만요.

우리는 두 가지 목적으로 돈을 사용합니다.

첫째, 소비를 위해 사용합니다. 물건을 사거나 서비스를 이용하는 데 돈을 쓰는 겁니다. 이때 할부나 대출을 받아서까지 지출하는 것은 재테크 관점에서 바람직하지 않습니다. 물론 우리 삶에서 최우선 가치는 자산 증식이나 돈이 아니며 때로는 기분 전환을 위해 지출을 할 수도 있습니다. 하지만 '나에게 주는 선물'이라는 이름으로 감당하기 어려운 지출을 하는 것은 미래의 나를 돈의 노예로 만드는 것과 다르지 않습니다. 어쩌다 있는 일이라면 몰라도 한 번이 여러 번이 되고 습관이 돼버리면 미래의 경제 사정은 불을 보듯 빤합니다.

둘째, 자산 증식을 위해 사용합니다. 돈을 불리기 위해 주식, 펀드, 금, 부동산 등에 투자하는 데 씁니다. 어떤 투자든 기본적으로 리스크가 있습니다. 확실하게 수익을 보장하는 것은 없습니다. 하지만 상대적으로 확실한 것과 그렇지 않은 것이 있기는 합니다. 주식 투자를 예로 들면 오전에 사서 오후에 수익을 보고 팔 수 있는 종목을 100퍼센트 선택한다는 것은 불가능합니다. 하지만 우리나라 대기업의 주식인 우량주를 사서 장기적으로 보유한다면 주가가 오른다고 예측할 수 있습니다. 물론 이 경우에도 100퍼센트 확신할 수는 없지만 전자보다는 확실한 편에 속합니다. 그래서 워런 버핏 같은 투자자들은 성장하는 회사의 주식을 골라 오랜 기간 갖고 있으라고 조언합니다.

부동산 투자 역시 마찬가지입니다. 시세차익을 얻기 위해 땅을 사는 경우 언제 얼마가 오를지 확신하기 어렵습니다. 하지만 임대가 잘 이뤄지는 건물을 사서 월세를 받는 것은 비교적 확실합니다. 그렇다면 얼마가 있어야 꼬마빌딩을 살 수 있을까요? 꼬마빌딩에 관심 있는 사람들이 가장 많이 물어보는 질문 중 하나입니다.

🏢 10억 원으로 80억 원짜리 강꼬빌딩을

어느 정도의 투자금이 있어야 꼬마빌딩을 살 수 있을까요? 먼저 대출에 대해 살펴보면, 대출은 일단 매매 가격이 아니라 감정평가 금액을 기준으로 해당 금액에서 몇 퍼센트를 대출해주는 방식입니다. 부동산에 따라 감정평가 금액이 매매 가격과 비슷한 곳도 있고 매매 가격에 미치지 못하는 곳도 있습니다(매우 드물게 감정평가 금액이 매매 가격보다 높은 경우가 있는데 이때는 매매 가격을 기준으로 합니다). 그리고 대출 비율은 정책에 따라 늘 변하기 때문에 대출하는 시점에 은행을 통해 확인해야 합니다.

2021년 현재는 주거용 부동산에 대한 대출 조건이 까다로우며,

대출 비율이 낮거나 대출이 안 되는 상황입니다. 하지만 주거용이 아닌 부동산(주거가 없는 꼬마빌딩과 상가)에 대해서는 이전과 크게 달라진 바 없이 감정평가 금액의 50~70퍼센트 정도의 대출이 가능합니다(물론 상황에 따라 대출 비율은 차이가 날 수 있습니다).

부동산을 살 때 대출이 얼마나 가능한지보다 중요한 것은 사실 내가 사려는 부동산이 얼마나 우량하고 확실한가입니다. 그에 따라 대출을 해야 할지 혹은 아예 해당 부동산을 사지 말아야 할지가 정해집니다. 불확실한 부동산을 사면서 대출을 받는 것은 위험한 일이며, 확실한 부동산을 대출 없이 내 돈으로 사기 위해 오랜 시간 돈을 모으는 것 또한 어리석은 일이라고 볼 수 있습니다.

앞서 말했듯이 대출 조건은 정책에 따라 바뀌므로 부동산을 살 때 건물 가액의 몇 퍼센트를 대출해야 하고, 본인 연봉의 몇 퍼센트까지만 대출하라고 말하는 것은 맞지 않습니다. 임대 수요가 확실한 부동산을 살 때는 최대한 대출을 해도 전혀 무리가 없으며 그렇지 않은 부동산은 조금 대출하는 것이 아니라 아예 사지 않는 편이 낫기 때문입니다.

여기서 한번 생각해봐야 할 부분이 있습니다. 앞서 이야기한 돈의 사용에서 소비를 위한 대출과 자산 증식을 위한 대출을 똑같이 바라보는 사람들이 많다는 사실입니다. 우량한 부동산을 살 때는 대출을 이용하는 것이 당연하며 유리하기까지 합니다. 무엇을 위한 것이냐에 따라 대출을 다르게 생각하는 것이 필요합니다. 여행 혹은 드라이브를 위해 쓰이는 기름값과 운송업을 하기 위해 쓰이는 기름값을 똑같이 볼 수 없는 것처럼 소비를 위한 대출과 투자를 위한 대출은 반드시 다르게 보아야 합니다.

현재 공실 없이 임대가 활발히 돌아가고 있거나 임대가 확실히 되리라 예상되는 강꼬빌딩을 살 때는 대출을 최대한 활용해도 좋습니다. 처음 강꼬빌딩을 살 때는 본인 자금보다 훨씬 더 많은 대출을 받아야 한다고 해서 겁나고 부담스러울 수 있습니다. 하지만 해당 강꼬빌딩이 우량하기만 하다면 전혀 겁낼 필요가 없습니다.

2019년 초에 10억 원 정도의 자기 투자금으로 80억 원대의 강꼬빌딩을 사는 경우도 본 적이 있습니다. 70억 원을 대출했는데(해당 빌딩은 상업용 건물이기도 했고, 당시에는 지금보다 대출이 수월했습니다), 70억 원에 대한 대출이자는 연 3.6퍼센트로 계산했을 때 월 2,100만 원 정도입니다. 제가 그 건물을 방문해보니 총 7개 층 중에서 한 층만 임대가 나가 있었고 나머지는 리모델링 중이었습니다. 해당 건물을 산 사람은 리모델링 이후에 세입자를 다 받고 나면 대출이자를 내고도 적지 않은 수익을 볼 수 있다고 계산해 그 강꼬빌딩을 산 것입니다. 물론 흔한 사례는 아닙니다. 하지만 얼마든지 있을 수 있는 일이며 해당 강꼬빌딩이 우량하기만 하다면 충분히 해볼 수 있는 투자입니다.

내게 맞는 물건 찾는 법

🏢 검색에서 임장까지

가끔 저에게 책을 추천해달라는 분들이 있습니다. 누군가에게 책을 추천하는 것은 쉽지 않습니다. 물론 제가 좋아하는 책, 감명 깊게 읽거나 아끼는 책을 알려줄 수는 있지만 상대방에게는 큰 도움이 안 될 때가 많습니다. 그래서 저는 누군가가 책을 추천해달라고 하면 그 사람과 충분히 이야기를 나누어보고 그에게 필요한 내용의 책을 추천하려고 합니다. 그렇게 추천한 책은 십중팔구 그에게 도움이 되고, 시간이 지나 책 읽은 소감을 전해들을 수도 있습니다.

누군가에게 책을 추천받으려고 하는 마음에는 상대방의 생각을 알고 싶고 그 사람처럼 되고 싶은 마음과 더 크게는 불필요한 책 말고 꼭 필요한 책만 읽고 싶다는 효율성을 따지는 마음이 밑바탕에 있다고 생각합니다.

독서를 하기로 마음먹었을 때 제가 처음으로 한 일은 일단 서점에 가는 것이었습니다. 서점에서 책 표지와 목차를 살펴보고 마음에 드는 책을 발견하면 조금 읽어봤습니다. 내용이 마음에 들면 사서 읽었습니다. 때로는 서점에서 책을 반 이상 읽고 사 올 때도 있었고, 몇 페이지만 보고 사기도 했습니다. 그렇게 한 번에 몇 권을 사서 읽어보면, 어떤 책은 와 닿지만 어떤 책은 그렇지 않아 읽다가 그만두기도 합니다.

그러다 보니 제가 어떤 종류의 책을 좋아하는지 알게 됐고, 자연스럽게 책을 선택하는 나름의 기준이 생겼습니다. 그 후로는 책 선택이 점점 더 수월해졌습니다. 이 방법은 책을 읽고 싶어 하는 누구나 시도해볼 수 있습니다. 다만 서점에 가지 않는다면 이 방법을 써먹을 수 없고, 해보지 않고는 좋은 방법이라는 생각도 하지 못할 수 있습니다.

꼬마빌딩에 관심 있는 사람들이 해야 할 일도 책을 선택하는 방법과 비슷한 구석이 있습니다. 꼬마빌딩에 관심 있는 사람들은 세 부류로 나눌 수 있습니다. 즉 현재 꼬마빌딩을 살 수 있는 자금이 없는 분, 꼬마빌딩을 살 수 있는 자금이 있는 분, 그리고 자산을 처분하면 꼬마빌딩을 살 자금이 마련되는 분으로 나눌 수 있습니다.

현재 꼬마빌딩을 살 자금이 없는 분들은 일단 필요한 자금을 확인해야 합니다. 종잣돈을 마련하면 작은 빌딩 부자가 될 수 있습니다. 막연한 목표는 이루기 힘들지만 목표가 분명하면 자금을 모으기가 훨씬 수월하고 빨라집니다. 꼬마빌딩은 입지도 다양하고 금액도 천차만별입니다. 또한 매매가가 같아도 전세금, 보증금, 대출로 인해 실제 매매에 필요한 자금이 차이가 큰 경우도 많습니다. 그렇기에 내가 목표로 하는 꼬마빌딩을 찾아보고 그 꼬마빌딩을 사려면 얼마의 자금이 필요한지부터 확인해야 합니다.

원하는 꼬마빌딩을 찾기 위해 주변 사람들에게 물어보거나 인터넷으로 검색해보는 것도 방법이 될 수 있습니다. 하지만 제가 책을 선택하는 방법처럼 직접 가서 보는 것이 가장 좋습니다. 식당에서 메뉴판에 있는 음식 사진과 실제 음식이 차이 나듯이 검색해서 보는 것과 실물을 보는 것에는 엄청난 차이가 있습니다.

그럼 실제 현장을 찾기까지 어떤 과정을 거치는지 정리해볼까요.

1단계 인터넷으로 관심 지역의 꼬마빌딩과 부동산중개소를 검색한다

내가 관심 있는 지역이 00구 00동이라면 우선 그 00동 꼬마빌딩, 00동 부동산중개소, 00동 수익형 부동산 등을 검색합니다. 그러면 꼬마빌딩 매물이 나와 있기도 하고 부동산중개소의 광고가 나오기도 합니다. 꼬마빌딩 추천을 전문으로 한다는 곳부터 꼬마빌딩 건축을 해주는 곳까지 다양한 광고를 접하기도 하지요.

꼬마빌딩에 관심이 있는 분들이라면 여기까지는 해본 경험이 있을 겁니다. 하지만 다음 단계로 넘어가지 못하고 대부분 검색에서 그칩니다. 너무나 다양한 정보와 광고를 보게 되고 그러다 보면 혼란스러워지기 마련이며 '괜히 전화했다가 귀찮게 계속 연락이 오거나 광고 문자가 오는 것 아니야?'라는 걱정이 되기도 합니다.

하지만 호랑이를 잡으려면 호랑이 굴에 들어가야 합니다. 집 안에 앉아서 호랑이를 잡는 방법은 없습니다. 귀찮은 전화가 오면 수신 거부를 하면 되고, 광고 문자가 오면 스팸 등록을 하면 됩니다. 현장의 정보를 알기 위해서는 반드시 해당 물건을 가진 부동산중개소와 연락해 만나야 하며 눈으로 직접 봐야 합니다.

그렇다면 인터넷 검색은 어떤 기준으로 해야 할까요? 건물을 중개·매매하는 곳, 꼬마빌딩 매물을 갖고 있는 곳을 기준으로 검색합니다. 검색하는 이유는 꼬마빌딩의 매매가와 필요자금을 알아보기 위해서입니다. 그렇다면 실제로 꼬마빌딩 매물을 보유한 곳을 찾아야 하는 것은 당연합니다. 건물을 지어준다는 곳과 건물 짓는 것을 도와준다는 곳은 일단 배제합니다.

검색하다 보면 사진으로 매물을 볼 수도 있고 글로만 볼 수도 있습니다. 또한 꼬마빌딩의 현황(매매가, 대출, 임대 보증금, 월세, 필요자금)이 친절하게 설명된 곳도 있습니다. 여러 정보를 통해 자신이 원하는 꼬마빌딩의 대략적인 금액을 알게 됩니다.

3단계 부동산중개소에 전화를 걸어 확인한다

사실 두 번째 단계까지는 해본 분들이 많습니다. 하지만 세 번째 단계는 실전이라 실행하는 분이 드뭅니다. 한 번도 해보지 않은 일을 하는 것은 마치 학창 시절 뭔가 잘못을 저질러 교무실에 불려가는 것처럼 떨리기 마련이죠. 일단 부동산중개소에 전화를 하면 상대방은 "000부동산입니다"라며 전화를 받습니다. 그러면 인터넷에서 00 꼬마빌딩을 봤는데 그 물건이 있는지 물어보면 됩니다. 그러면 상대방은 세 가지로 대답합니다.

① 이미 팔렸다
② 아직 안 팔렸는지 확인해봐야 한다
③ 매물이 있다

첫 번째, 해당 꼬마빌딩이 이미 팔렸다며 전화를 끊으려는 사람은 대체로 목소리에도 성의가 없습니다. 보유한 매물이 별로 없어 추천할 만한 꼬마빌딩이 없는 상황이라고 보면 됩니다. 그런데 이런 부동산중개소와 처음 통화하면 왠지 홀대받는 느낌이 듭니다. '내가 돈이 부족한 걸 아는 건가' '내가 살 사람이 아닌 걸 알아서 이렇게 대하나' 하고 소심해질 수 있지만 절대 그렇지 않습니다. 매물이 없을 뿐이니 깊게 생각하지 않아도 됩니다.

때로 "그 꼬마빌딩은 팔렸는데, 혹시 어느 정도(금액)의 꼬마빌딩을 찾으시나요?"라고 되묻는 사람이 있습니다. 추천할 만한 매물 혹은 열의가 있는 경우이며, 이때는 내가 생각하는 금액을 말하면 적절한 물건을 바로 추천해주거나 적절한 물건을 찾아서 연락하겠다고 합니다.

두 번째, 해당 꼬마빌딩이 팔렸는지 확인해봐야 한다는 사람이 있습니다. 우리는 부동산중개소에 있는 사람들을 모두 부동산에 능통하거나 노련하다고 생각합니다. 하지만 절대 그렇지 않습니다. 모든 분야가 그렇듯 늘 초보는 존재하며, 자기가 하는 일에 대해 잘 모르는 사람도 부지기수입니다. 부동산 역시 마찬가지입니다. 일을 시작한 지 얼마 안 된 사람부터 일한 지 6개월이 되도록 손님 몇 명 못 만나본 사람, 일한 지는 1년이 넘었지만 계약 경험이 별로 없는 사람 등 다양한 중개사가 있습니다.

중개사가 하는 일은 사실 매수자와 매도자의 연결입니다. 그리고 무슨 일이든 연결을 하려면 중간 역할을 하는 사람은 양쪽과 긴밀한 관계를 유지해야 합니다. 부동산중개소는 당연히 자신이 보유한 매물에 대해 상세히 아는 것은 물론 소유자와도 긴밀한 관계를 유지해야 계약을 성사시킬 수 있습니다. 그런데 그런 것들을 잘 모르고 있다면 매물 관리에 소홀하거나, 전문적이지 않거나, 열의가 없는 것입니다.

확인해보고 연락을 준다는 사람 중에 제대로 확인한 후 연락하는 경우를 거의 보지 못했습니다. 부동산중개소와 수백 번, 아니 수천 번 넘게 통화해봤지만 자신들이 보유한 매물 상황을 모르는 사람과 계약까지 이어진 예는 없었습니다.

세 번째, 해당 꼬마빌딩 매물이 있다고 하는 사람 중에도 아직 팔리지 않았다는 사실만 아는 사람이 있는가 하면 매매금액, 대출금(이자), 임대 현황 등에 대해서도 막힘없이 이야기하는 사람이 있습니다. 전자보다 후자가 확실한 사람이며 실질적인 이야기를 나눌 수 있습니다.

또한 인터넷에 올라온 매물을 실제로 확인하다 보면 인터넷에 나와 있는 정보가 모두 다 사실은 아니라는 점도 알게 됩니다. 흔히 말하는 허위 매물, 미끼 매물과 진짜 매물이 뒤섞여 있으며, 매물뿐만 아니라 그 일을 하는 사람들도 마찬가지라는 것을 알게 됩니다.

이제 약속을 잡았습니다. 그러고 나면 부동산을 방문하기 전까지 오만가지 생각이 다 듭니다.

'내가 여유자금이 충분하지 않은 걸 알고 홀대하면 어떡하지?' '가면 뭘 봐야 하고 뭘 물어봐야 하는 거지?'부터 시작해서 무슨 옷을 입고 가야 할지, 뭘 타고 가야 할지 등 고민이 꼬리를 물고 이어집니다.

그런데 이런 고민은 여유자금이 충분한 사람도 마찬가지입니다. 꼬마빌딩에 대해 전문가가 아니라면 아무리 돈이 많다고 해도 무엇을 봐야 하는지, 무엇이 중요한지 알지 못합니다.

일단 중개소를 방문하면 바로 꼬마빌딩을 보러 가지 않고 앉아서 이야기를 나누게 됩니다. 중개사는 여유자금이 얼마나 있는지, 어떤 형태로 있는지, 어디에 사는지 등을 물어보지만 사실 해당 꼬마빌딩을 살 여력이 있는지 궁금한 것뿐입니다.

물론 왜 그 꼬마빌딩에 관심이 있는지를 물어보는 사람도 있지만 대부분은 자금 여력에만 관심을 두고 물어봅니다. 그렇게 이야기가 끝나고 나면 걷거나 차를 타고 꼬마빌딩을 보러 갑니다. 그런데 막상 꼬마빌딩을 보면 사실 별로 볼 게 없습니다. 내가 사는 동네의 꼬마빌딩과 비슷하게 생긴 건물이며 겉으로 보기엔 특별할 게 전혀 없습니다. 그리고 처음 꼬마빌딩을 보러 가면 외관과 계단실 정도의 공용 부분만 보는 것이 전부입니다. 소유자는 매물로 내놓은 것을 세입자에게 알리고 싶어 하지 않기 때문에 약속하고 가서 보더라도 내부를 모두 둘러보기는 어려운 일입니다.

겉모습과 계단 및 복도, 위치를 보며 담당 중개사로부터 해당 꼬마빌딩의 가격, 소유주가 팔려는 이유, 세입자들에 대해 들을 수 있습니다. 그리고 중개소로 돌아갑니다.

5단계 해당 꼬마빌딩의 현황을 안내받고 필요자금을 확인한다

꼬마빌딩을 보고 다시 돌아왔을 때, 가격이나 필요자금만 알아보려고 온 사람은 부담감을 느끼게 마련입니다. 중개사는 해당 꼬마빌딩의 장점을 자꾸 이야기하며 계약을 하라는 식으로 부추깁니다. 그 꼬마빌딩이 마음에 들든 안 들든 계약을 할 수 없는 상황이니 마음의 부담만 커집니다.

하지만 잘 생각해보세요. 휴대전화를 사기 위해 매장에 들러 직원에게 설명을 듣고 휴대전화를 만져보고 나서, 마음에 안 들거나 당장 살 생각이 들지 않아 돌아 나올 때도 큰 부담감을 느꼈나요? 그렇지 않았을 겁니다. 휴대전화를 이미 여러 번 사본 경험이 있어서 구경만 하고 나오는 일이 빈번하다는 것을 알기 때문입니다. 하지만 100만 원가량 하는 휴대전화도 한 번에 사지 않고 이것저것 알아보는데, 수십억 원 하는 꼬마빌딩을 보자마자 사는 사람이 있을까요?

첫날 꼬마빌딩을 보고 안내를 받고 그냥 돌아오는 것을 마음 편하게 생각하세요. 그리고 건물 현황에 대한 설명을 듣고 돌아올 때는 해당 내용을 프린트해 달라고 하거나 애초에 설명을 들을 때 적어서 와도 좋습니다.

위와 같은 방법과 과정으로 우리는 우리가 원하는 꼬마빌딩이 얼마인지와 실제로 필요한 자금이 얼마인지 알 수 있습니다. 그리고 여러 번 경험하다 보면 꼬마빌딩의 적정 가격을 파악할 수도 있습니다.

지금까지 꼬마빌딩을 살 자금이 없는 분이 필요자금이 얼마인지 파악하는 방법을 알아봤습니다. 그렇다면 자금이 있거나 자산 처분으로 자금을 마련할 수 있다면 이제 무엇을 해야 할까요?

여유자금을 은행에 넣어둔 분이 아니라면 현금화를 하는 데 시간이 좀 걸리는 분도 있을 것입니다. 그런 경우 여유자금을 현금화한 후에 꼬마빌딩을 보는 것보다 꼬마빌딩을 선정한 후 현금화하는 것이 낫습니다. 먼저 현금화를 하면 그 자금을 엉뚱한 곳에 쓰기도 하며, 마음에 들지 않는 건물이지만 보는 데 지쳐서 덜컥 사버리기도 하기 때문입니다. 자산을 부동산으로 보유한 분은 보유 부동산을 처분하고 꼬마빌딩을 보는 것이 아니라 꼬마빌딩을 먼저 선정하고 나서 부동산을 매도하는 것이 순서입니다. 물론 계약금 정도는 미리 준비돼 있어야 합니다.

03

목적을 분명히 하라

🏢 우리가 강꼬빌딩을 사려는 이유

식재료 하나를 사더라도 나를 위한 것인지 혹은 애완동물을 위한 것인지에 따라 그 선택이 달라집니다. 물론 같은 품목을 살 때도 질이나 형태가 다를 수 있습니다. 그렇게 사 온 식재료도 누가 먹을지에 따라 요리 방법, 양념의 강도가 달라집니다. 부동산도 마찬가지입니다. 특히 강꼬빌딩을 사기 전에는 사는 목적을 분명히 하는 것이 중요합니다. 목적이 모호하거나 사려는 이유가 많을수록 엉뚱한 결정을 하기 쉽습니다.

강꼬빌딩을 사는 목적은 크게 둘로 나눌 수 있습니다. 첫 번째는 임대하기 위함이며, 두 번째는 본인이 직접 사용(사옥용)하기 위함입니다. 임대를 위한 것과 본인이 사용하기 위한 것에는 차이가 있다고 생각하기 쉬운데, 사실 두 가지에 차이를 둔다면 나중에 생각지 못한 결과를 얻을 수도 있습니다.

임대를 주기 위해서는 철저히 세입자를 위한 입지, 구조, 인테리어를 갖추면 되는데, 본인이 사용(사옥용)하기 위해서는 본인이 좋아하는 입지, 구조, 인테리어를 갖추면 된다고 생각합니다. 언뜻 생각하면 맞는 듯하지만 좀 더 깊게 생각하면 현실과 맞지 않는 생각임을 알 수 있습니다.

사옥용으로 산 건물도 언젠가는 매각 혹은 임대를 하게 되기 때문입니다. 사업이 확장돼 큰 건물로 옮겨 가든, 그 반대의 경우든 혹은 사업을 정리해서 사옥이 필요 없어지든 본인이 산 건물을 본인이 끝까지 사용하는 일은 거의 없다고 볼 수 있습니다.

즉 어느 시점에는 매각이나 임대를 해야 하는 상황이 오는데, 나에게만 맞춘 입지, 구조, 인테리어는 돈을 많이 들인 것과 상관없이 다음 매수자 혹은 세입자를 구하기가 어렵습니다. 그리고 역설적이게도 내 취향으로 돈을 많이 들이면 들일수록 다음 매수자, 세입자를 구하기는 더욱 힘이 듭니다.

내 몸에만 맞춘 맞춤옷은 중고로 팔기 어려운 것과 같습니다. 옷이야 내가 충분히 입고 버리면 되지만 강꼬빌딩은 그렇지 않습니다. 아무리 사옥용으로 구입한다 해도 임대 주는 것을 고려하지 않고 나(내 회사)만을 위한 강꼬빌딩을 사게 된다면, 더군다나 많은 돈을 들여 본인 취향으로 멋지게 인테리어를 하거나 새로 짓는다면, 그건 건물의 가치를 높이는 행동이라기보다는 자기만족 비용이라고 생각하는 것이 좋습니다. 건물의 가치를 높이고 싶다면 사옥용 건물을 사더라도 임대와 매각을 반드시 고려해서 선택해야 합니다.

목적을 정하고 나면 각각의 목적에 따라 세 가지로 활용할 수 있습니다.

① 현재 건물을 그대로 사용하기
② 리모델링하기
③ 신축하기

자, 그렇다면 이제 건물 매입 후 활용 방법에 관해 이야기해보겠습니다.

그대로 포괄승계한다면

건물주가 되려는 사람들이 가장 바라는 것은 매달 꼬박꼬박 들어오는 월세입니다. 그리고 처음으로 건물에 투자하거나 번거로운 걸

싫어하는 경우 웬만한 조건을 갖춘 건물을 그대로 포괄승계*하기를
바랍니다.

월세를 받을 수 있는 건물을 사기 위해서는 위치, 구조, 인테리어
등이 두루 잘 갖춰져 있는지 살펴봐야 합니다. 또한 임대 관리가 비
교적 잘돼 있는 건물로 선택해야 합니다. 장기적으로 보유하면서
월세를 받아야 하므로 어느 한 부분도 소홀하게 넘어가서는 안 됩
니다. 서둘러 손봐야 하는 부분이나 하자를 꼼꼼히 확인하고 비용
까지 가늠해야 합니다.

어떤 일에든 장단점이 있게 마련이듯 모든 부분이 마음에 드는
강꼬빌딩을 찾기는 어렵습니다. 설사 그런 건물을 찾았다 하더라도
예산을 뛰어넘을 때가 많습니다. 그렇다면 어떻게 해야 할까요? 추
천하는 방법 하나가 총점 매기기입니다. 점검해야 할 여러 요건을
정리한 후 우선순위를 정해 점수를 부여하고 총점을 매겨 선택하는
방식입니다. 고려해야 할 요건은 입지, 구조, 수익률, 인테리어, 관리
상태, 세입자의 구성, 주변 상권 등 다양합니다.

---

* **포괄승계** 이전 권리자의 모든 권리와 의무를 승계하는 것. 일반적으로 부동산에서는
  세입자와의 계약을 그대로 이어받는 것을 뜻한다.

리모델링한다면

리모델링을 할 목적이라면 특히 위치와 구조를 중요하게 봐야 합니다. 어차피 리모델링을 할 테니 인테리어는 가볍게 봐도 되지만, 구조는 매우 중요하게 살펴야 합니다. 리모델링 비용은 천차만별이지만 가장 어렵고 비용이 많이 들어갈 때가 구조를 바꾸는 경우입니다. 구조를 바꾸는 경우는 벽체를 허물거나 새로 만들 때, 증축할 때, 세대를 분리하거나 합칠 때입니다. 이때 골조가 하중을 버틸 수 있는지, 안전에 문제는 없는지 등 신경 써야 할 부분이 많고 비용역시 많이 들어갑니다.

또한 리모델링 공사를 위해 내부를 뜯어보니 생각지도 못한 문제가 생겨 아예 골조 공사부터 다시 해야 하는 예도 있습니다. 그렇기에 리모델링을 목적으로 강꼬빌딩을 산다면 반드시 구조가 잘돼 있는 건물로 선택해야 합니다.

신축한다면

강꼬빌딩을 사서 허물고 신축한다면 다른 무엇보다 위치에 신경 써야 합니다. 구조나 인테리어는 어차피 새로 할 테니 신경 쓸 필요가 없습니다. 강꼬빌딩을 사서 어떤 사람 혹은 어떤 회사에 임대할지를 먼저 결정하고 그에 맞춰 위치를 선정해야 합니다. 나중에 구조와 인테리어 역시 그들이 원하는 형태를 파악해 반영해야 합니다.

그래서 저는 강꼬빌딩을 선택할 때 강남의 각 블록에 따라 임대 수요의 특징을 파악합니다. 파악해야 할 것은 주거용 꼬마빌딩인지 혹은 근린생활건물인지에 따라 다르지만 이왕이면 둘 다에 해당하는 것이 가장 좋습니다. 일단 주로 거주하는 사람들의 가구 구성원 수, 선호하는 집의 구조와 임대료 수준, 임차인들의 소득 수준과 직업군, 주변 사무실 중 임대가 잘 나가는 규모 및 구조, 주변 사무실 및 상가의 임대료 수준을 파악해 위치와 구조, 인테리어를 선정합니다. 그 결과, 26채의 강꼬빌딩(394개 호실)을 임대 관리하면서도 문제없이 운영하고 있습니다. 이런 조사 없이 무턱대고 신축하면 세입자를 들이는 데 시간이 오래 걸리기도 하며 세입자가 나간 후 공실 기간이 길어지기도 합니다.

그리고 신축할 때는 매입하는 강꼬빌딩 이외에 인근 건물에도 관심을 가져야 합니다. 신축하다 보면 주변 건물 소유주나 세입자들로부터 민원을 받을 수 있습니다. 예기치 않게 주변 건물에 피해를 줄 수도 있습니다. 그 피해는 이웃 건물과의 경계인 담벼락, 주차장, 외벽에 금이 가거나 창틀이 틀어져서 창문이 깨지는 일 등입니다. 그러한 문제는 공사를 진행하면서 불가피하게(인근 건물이 지어진 지 오래되어서) 일어날 때도 있고, 공사 진행에 미비한 점이 있어 일어나기도 합니다.

이런 일을 사전에 방지하려면 애초에 인근 건물에 무리가 가지 않도록 보강해가면서 공사를 진행해야 하고, 이왕이면 이웃한 건물들이 부실하지 않은 곳으로 선정해야 합니다. 예를 들어 이웃 건물이 불법 확장을 해서 담벼락까지 지붕을 덮어 실내 공간으로 쓰고 있을 때 터파기를 한다면 이웃 건물의 내부에 문제가 생길 수 있습니다.

문제를 해결하는 첫 번째 방법은 공사 시작 전 이웃들에게 약간의 선물과 함께 인사를 다니는 겁니다. 두 번째는 이웃들의 간단한 공사나 보수를 도와주는 것이고, 세 번째는 주차 문제 같은 분란이 있을 때 금전적으로 보상하는 방법이 있습니다. 이는 살아가면서 필요한 기본적인 지혜일 뿐 이렇게 한다고 모든 문제가 해결되는 것은 아닙니다. 다만 문제가 생기면 이성보다는 감정이 앞설 때가 많으므로 우선 우호적인 관계를 맺는 것이 필요합니다. 그러고 나서 상대의 불편이나 피해를 보상하는 것이 순서입니다. 관계가 나쁜데 무조건 금전으로만 해결하려 들면 상대의 기분을 상하게 하고 문제를 더 악화시킬 수 있습니다.

지금까지 강꼬빌딩을 사는 목적과 활용 방안에 관해 알아보았는데요. 간단히 정리한다면 강꼬빌딩을 사는 목적은 ① 임대를 주기 위해서 ② 직접 사용하기 위해서입니다. 그리고 활용 방법은 ① 현재의 건물을 그대로 사용 ② 리모델링 ③ 신축입니다.

　그러나 결국 강꼬빌딩을 사는 이유는 '돈'입니다. 월세를 받든 시세차익을 얻든 본질은 돈을 벌기 위한 것이며, 돈을 벌기 위해서는 내 취향이나 여건에 딱 맞는 강꼬빌딩을 선택하기보다는 누구나 좋아할 만한 것, 누구나 들어오고 싶어 할 만한 조건을 기준으로 생각해야 합니다. 돈을 벌어주는 것은 내가 아니라 내 건물을 보고 높은 가치를 인정해주는 다른 사람들이라는 점을 염두에 둬야 합니다.

04

세금이 무서운가요?

🏢 부동산 세금의 종류　　　　　　●●

꼬마빌딩을 사고자 할 때 우선 계산해봐야 하는 것이 세금입니다. 세금 하면 우리는 막연히 '세금폭탄'이라는 단어를 먼저 떠올립니다. 가격이 높은 부동산을 사면 터무니없는 세금이 부과될 것 같은 느낌을 받곤 합니다.

　부동산을 사서 파는 과정에는 총 세 종류의 세금이 부과됩니다.

　첫 번째는 취득세입니다. 취득하는 부동산의 가격에 따라 일정한 비율로 세금을 내는 것이며 살 때 한 번만 냅니다.

　두 번째는 보유세입니다. 보유세에는 재산세와 종합부동산세가 있으며, 매년 6월 1일에 냅니다. 재산세는 소유한 부동산을 기준으로 정해진 비율로 내며, 종합부동산세는 소유한 부동산이 일정 금액을 초과하면 내는 세금입니다.

세 번째는 양도소득세입니다. 말 그대로 양도, 즉 팔 때 소득이 생기면 내는 세금이지요. 부동산을 팔아서 얼마가 남았는지에 따라 정해진 비율로 세금을 내므로 이익이 남지 않았을 때는 양도소득세를 내지 않습니다.

여기서 과세표준, 표준세율, 누진공제 등의 이야기를 굳이 하지는 않겠습니다. 어차피 계속 바뀌는 부분이기도 하고, 스스로 계산할 수 있는 사람은 드물기 때문입니다. 어떤 종류의 세금이 부과되는지 정도만 아는 것으로 충분하고, 실제로 세금을 낼 때는 세무사나 부동산을 기래하는 중개소에서 안내를 받으면 됩니다.

꼬마빌딩과 관련한 세금에서 가장 먼저 알아야 하는 것이 취득세입니다. 상가주택의 경우 취득세는 주택은 주택에 해당하는 취득세를 내고, 상가는 상가에 해당하는 취득세를 냅니다. 만약 30억 원짜리 강꼬빌딩을 산다면 취득세는 다음과 같습니다.

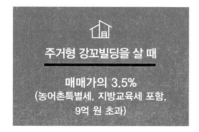

주거형 강꼬빌딩을 살 때
매매가의 3.5%
(농어촌특별세, 지방교육세 포함,
9억 원 초과)

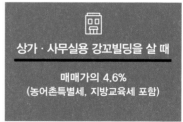

상가·사무실용 강꼬빌딩을 살 때
매매가의 4.6%
(농어촌특별세, 지방교육세 포함)

한 가지 더, 임대소득세에 대해서도 알아야 합니다. 모든 소득에는 세금이 붙습니다. 임대소득에도 당연히 세금이 붙는데, 지금까지 주거형 건물에서는 월세를 받더라도 임대소득세를 내지 않는 경우가 대부분이었습니다(상가나 사무실로 이뤄진 강꼬빌딩은 부가세 및 임대소득세를 과거부터 지금까지 꾸준히 내고 있습니다). 하지만 현재 정부에서는 주거형 건물의 임대소득에 대해서도 세금을 징수할 계획입니다.

임대소득세는 말 그대로 임대소득의 일부를 세금으로 내는 것이어서 월세를 얼마나 받는지에 따라 세금이 달라집니다. 만약 월세를 1,000만 원 받는다면 임대소득세는 연간 600만 원 정도 됩니다(근로소득이 있는 경우 합산과세되어 소득세율 구간이 높아질 수 있습니다).

많이 벌면 세금도 자연히 늘어납니다. 세금 내기가 아까워서 자산과 소득 늘리기를 미루지는 않겠지요. 아직도 자산과 소득을 늘리기보다 세금 걱정이 큰 분들은 유튜브 〈황 소장의 부동산 팩폭〉 채널에서 '부동산 투자와 세금폭탄(부동산 세금폭탄 진짜 걱정해야 할 사람들)'을 참조하세요.

🏢 세금을 많이 낸다는 것은 내가 부자라는 것 ••

부자 하면 '탈세' 이미지를 먼저 떠올리는 사람들도 있습니다. 부자에 대한 이미지가 부정적이며, 누가 돈을 벌었다고 하면 어떤 방식으로든 깎아내리기 급급합니다. 이는 시기심의 표현이며 그 저변에는 부러움이 자리하고 있습니다. 그런데 이런 생각은 그 누구도 아닌 본인에게 손해입니다. '부자=탈세=나쁜 것'의 프레임은 '부자=나쁜 사람'이라는 인식을 만들고, 돈을 버는 투자 역시 나쁜 것으로 치부해버리며 관심을 두지 않게 합니다. 남이 세금 내는 것에 대해 왈가왈부하지만 정작 본인은 세금 낼 일이 없는 사람이 돼가는 것이죠.

운동해서 몸을 좋게 만들려면 반드시 땀을 흘려야 하는 것처럼, 돈을 많이 벌수록, 부자가 될수록 세금도 당연히 내야 합니다. 땀을 흘리면 수분이 소모되고, 수분을 보충하기 위해 다시 물을 마십니다. 내가 마신 물이 내 몸에 꼭 필요한 곳에 쓰이기도 하지만 땀으로 배출되기도 합니다. 땀을 흘리지 않고 몸이 좋아지는 방법이 없듯이 부자가 되기 위해서 혹은 경제적 상황이 더 나아지기 위해서는 세금을 반드시 내야 하며 과거보다 더 많은 세금을 내고 있다는 것은 점점 부자가 되고 있다는 지표입니다.

세금 내는 것이 아까워서 혹은 세금이 겁나서 재테크를 안 하거나 투자를 안 하는 것은 땀 흘리는 것이 싫어서 운동을 하지 않는 것과 다름없습니다. 물론 더 나은 상황을 원치 않는다면 아무것도 하지 않아도 됩니다. 아무것도 하지 않으면 아무 일도 일어나지 않으니까요. 하지만 지금보다 나은 상황을 원한다면 땀 흘리는 것, 세금 내는 것을 당연하게 받아들여야 합니다. 어떤 세금도 소득을 넘어서지는 않습니다.

즉 세금을 안 내려는 사람은 결국 소득과 자산이 줄어드는 방향으로 가게 되고, 소득과 자산이 늘어나는 사람은 세금을 더 많이 내게 됩니다. 당연한 이야기이지만 부자들이 아무리 절세한다 해도 보통 사람의 수 배에서 수백 배의 세금을 냅니다. 적어도 지금보다 더 부자가 되려면 세금에 대한 인식을 바꿔야 합니다.

05

정확한 수익률 계산하는 법

🏢 수익률에 영향을 미치는 요인들

월세 수입이 목적인 수익형 부동산, 수익형 부동산 중 임대 안정성
이 높은 '연금형 부동산'을 살 때 우선순위로 꼽히는 수익률은 어떻
게 계산할까요?

$$수익률 = \frac{연소득(월세 \times 12개월)}{매입금액} \times 100$$

흔히 수익형 부동산을 분양하는 곳에 가면 이런 방식으로 수익률을
계산하고는 수익률이 높다며 분양받는 것이 이익이라고 설명합니
다. 그런데 여기서 빠진 것이 몇 가지 있습니다. 바로 세금, 중개수

수료, 수리비용 그리고 공실률입니다.

세금은 우선 취득세와 임대소득세가 있습니다. 취득세는 취득할 때 내는 것이므로 첫해의 수익률에만 영향을 미칠 뿐입니다. 하지만 임대소득세는 수익률에 계속 영향을 미치며 임대소득 이외의 다른 소득이 높은 경우 합산과세되기 때문에 소득세율 구간이 높아질 수도 있습니다. 그래서 임대소득세는 수익률 계산에서 고려해야 할 부분입니다.

중개수수료와 수리비용은 많이 내봐야 1년에 한 번입니다. 즉 여러 세대나 호실로 이뤄져 있다면 각 호실당 최대 한 번의 중개수수료가 나갑니다. 단기 임대(월세 임대는 1년이 기본이지만 단기 임대는 최소 3개월 혹은 특수한 경우 1개월 단위로 계약)를 할 때는 1년에 최대 네 번 중개수수료가 나갈 수 있습니다. 물론 중개수수료는 세입자가 만기를 채우고 나갈 때만 내는 것이며 만기 전에 나갈 때는 세입자가 중개수수료를 부담하게 됩니다.

수리비용은 건물에 특별한 하자가 있지 않은 이상 크게 들어갈 게 없습니다. 물론 시간이 지남에 따라 도배, 바닥, 보일러, 가전제품(요즘은 냉장고, 세탁기, 에어컨 등이 빌트인된 경우가 많습니다)에 비용이 들어가기도 하고 건물 노후에 따른 수리비용도 발생할 수 있습니다. 하지만 잘 지어진 강꼬빌딩이라면 10년 정도는 딱히 수리비용이 크게 들지 않습니다.

또한 하자는 지은 지 3년 안에 대부분 나타나며 3년을 잘 보내면 이후에 하자가 생길 가능성은 매우 낮습니다. 신축 건물은 건설회사에서 건물의 주요 부분에 따라 최대 10년까지 보증해주기 때문에 하자가 생기더라도 건설회사에서 수리해줄 수도 있습니다. 그렇지 않을 수도 있는데, 그 이유는 다음과 같습니다.

첫째, 종합건설회사(철거부터 터파기, 골조, 새시, 내부 시설 등 모든 공사를 맡아서 하는 곳)가 아닌 단종건설회사(철거회사, 골조회사, 새시회사 등 개별 회사. 즉 건물을 짓기 위해 각각의 회사들을 상대해야 함)에서 건축한 경우 하자가 있을 때 책임 소재가 모호합니다. 그래서 책임지려는 사람이 없습니다. 종합건설회사보다 단종건설회사 여러 곳을 통해 건물을 지으면 건축비용을 조금 줄일 수는 있지만 향후 하자보수에서 어려움을 겪을 수 있습니다.

둘째, 종합건설회사에서 건축을 하더라도 시간이 지나 해당 회사가 없어지면 하자보수를 받기가 어렵습니다. 또한 책임감 없는 회사라면 하자가 생겨도 사용자 부주의로 일어난 하자라고 우기며 나 몰라라 하는 곳도 있습니다.

어떤 회사에서 지었는지, 경험이 많고 책임감 있는 회사인지 여부도 수익률에 중요한 요소가 됩니다.

🏢 호환마마보다 무서운 공실

세금, 중개수수료, 수리비용도 수익률에 영향을 미치지만 가장 큰 영향을 미치는 것은 공실률입니다. 임대가 잘된다면 사실 세금이나 중개수수료는 전혀 문제되지 않습니다. 수리비용 역시 잘 지어진 강꼬빌딩이라면 크게 신경 쓰지 않아도 됩니다. 하지만 공실이 계속된다면 이 세 가지가 아무리 잘돼 있어도 아무 소용이 없습니다.

몇 년 전 상가에 투자한 분이 상담하러 온 적이 있습니다. 그분은 월세 300만 원을 받을 수 있다는 설명을 듣고 5억 원짜리 상가를 분양받았습니다. 그런데 막상 상가가 다 지어지고 나니 뜻대로 되지 않았습니다. 8개월 내내 상가는 빈 채로 있었으나 관리비는 고스란히 발생했습니다. 8개월 만에 임대가 나갔는데, 임대료는 80만 원이었습니다. 월세 300만 원을 예상하고 5억 원에 분양받았는데 월세가 80만 원이라면 상가의 가격이 절반 이하로 떨어진 것과 다름없습니다. 공실이 될 가능성이 큰 상가를 분양받아 빚어진 결과로, 공실이 계속되자 애초 예상했던 300만 원의 3분 1도 안 되는 가격에 임대료가 책정된 거죠. 이런 일이 일어난 이유에 대해서는 다음 장에서 좀 더 자세히 다루겠습니다.

이처럼 수익률은 예상한 대로 흘러가지는 않습니다. 그렇다면 강꼬빌딩의 수익률 계산은 어떻게 하면 좋을까요? 우선 강꼬빌딩의 수익률은 3% 내외 정도입니다. 수익률이 차이 나는 이유는 구조, 관리 상태, 임대 현황이 다르기 때문입니다. 애초에 구조가 잘못된 건물이라면 처음에는 새 건물이라 임대가 잘될 수 있어도 얼마 지나지 않아 내부가 노후화되면 임대가 잘 안 되고 임대료도 떨어질 수 있습니다.

10년을 탄 자동차도 어떻게 관리했느냐에 따라 상태가 달라지듯 강꼬빌딩 역시 마찬가지입니다. 건물은 적시에 수리하고 교체해야 하는데, 그 시기를 놓치면 이후에는 수리비용이 많이 들거나 걷잡을 수 없는 상태가 되기도 합니다. 평소에 건강 관리를 안 하다가 큰 병에 걸리고 나서 치료하려면 비용과 시간이 많이 들고 완쾌하기 어려운 것과 비슷합니다.

임대 현황에 따라서도 수익률에 차이가 생깁니다. 임대를 준 세대가 전부 월세로 돼 있는지, 전세와 월세가 섞여 있는지, 전부 전세인지에 따라 다릅니다. 이외에 대출 비율, 대출이자율도 수익률에 영향을 미칩니다.

강꼬빌딩은 새로 출시된 동일 기종의 휴대전화처럼 같은 스펙과 기능을 가진 전자제품이 아닙니다. 같은 조건을 가진 전자제품이야 싸게 사면 무조건 이익을 보지만 강꼬빌딩은 그렇지 않습니다. 위치, 땅의 크기, 층수, 구조, 연식, 관리 상태에 따라 가격이 천차만별입니다. 휴대전화는 아무리 비싸고 좋은 제품이라도 시간이 지나면 가격이 급격히 낮아지기 때문에 애초에 싸게 사는 것이 중요합니다. 하지만 강꼬빌딩은 시간이 지남에 따라 가치가 높아지며 그 가치는 위치, 크기, 구조, 관리 상태 등에 따라 차이가 납니다. 그러므로 강꼬빌딩은 단순히 싸게 사는 것 혹은 수익률만 높은 것을 선택하는 것만이 좋다고 볼 수는 없습니다. 당장은 수익률이 낮지만 시간이 지남에 따라 높아질 수도 있고, 반대로 당장은 수익률이 높지만 시간이 지남에 따라 낮아질 때도 있습니다.

그리고 강꼬빌딩은 건물마다 각각 여건이 다릅니다. 예를 들어 사옥으로 쓰기 위해 지은 건물, 한 층씩 임대를 주기 위해 지은 건물, 작은 평수로 나뉜 건물, 다인 가구 임대를 목적으로 한 건물, 1인 가구 임대를 목적으로 한 건물, 주인 세대가 거주하고 나머지를 임대하기 위해 지은 건물, 건물 전체를 임대하기 위해 지은 건물 등이 있으며 이러한 목적에 따라 구조와 인테리어에서 차이가 납니다.

가령 사옥으로 지어진 건물은 당장의 이익과 활용도가 높을 수 있지만 나중에 수익률이 낮아지는 경우가 많습니다. 사옥으로 지었다는 것은 해당 건물을 지은 건물주가 자기 사업을 하기에 적합한 구조와 인테리어를 했다는 것인데, 이 경우 본인과 비슷한 조건의 임대 수요자를 찾기도 힘들지만, 설령 임자가 나타났다 해도 건물주가 생각하는 가치와 상대방이 생각하는 가치가 현저히 다른 상황이 발생하기도 합니다. 마치 내 몸에 꼭 맞는 맞춤 정장을 다른 사람에게 파는 것과 비슷합니다. 평생 소장할 게 아니라면 맞춤 정장보다는 기성복이 훨씬 더 유리할 수 있죠.

강꼬빌딩을 사고자 한다면 단순히 수익률을 가장 큰 기준으로 삼기보다는 각 강꼬빌딩의 여건과 주위 상황을 두루 판단한 후 매입을 결정하는 것이 좋습니다.

06

저평가된 강꼬빌딩을 찾아라

🏢 저평가는 신기루인가

부동산 관련 책을 보면 유독 자주 보이는 단어가 '저평가'입니다. 저평가라는 말을 들으면 다른 부동산과 조건은 비슷하나 가격이 낮은 부동산을 떠올리게 됩니다. 부동산을 사려는 입장에서는 저평가만큼 매력적인 단어도 없습니다. 그런데 부동산을 소유한 사람에게 저평가라는 단어는 어떤 의미일까요?

부동산을 파는 사람은 소유한 부동산이 수십 개 혹은 수백 개가 되지 않는 이상 자기가 팔려는 부동산 가격을 여러 곳을 통해 신중하게 알아봅니다. 그렇게 알아본 가격 중 가장 높은 가격을 기준으로 가격을 매기고 매물을 내놓습니다. 이 과정에서 저평가라는 단어는 비집고 들어갈 틈이 없습니다. 부동산을 보유한 사람은 그렇지 않은 사람보다 부자인 경우가 많은데 그런 사람이 가치도 모르고 자기 부동산을 팔려고 할까요? 과연 그게 가능할까요?

최근 저는 30년도 넘은 역삼동 단독주택을 사려고 집주인을 수소문한 적이 있습니다. 해당 주택은 골목 안쪽에 들어가 있기도 했고 몹시 낡은 상태라 사람이 살지 않는 것처럼 보이기도 했습니다. 그럼에도 사고 싶었던 것은 바로 앞집을 제가 이미 샀기 때문이었습니다. 제가 산 집은 북쪽으로 도로를 끼고 있고 모퉁이에 있어 뒷집과 함께 공사한다면 훨씬 더 조건이 좋아지리라 예상했습니다.

수소문 끝에 소유주를 찾았고 지방에 있는 한 회사를 찾아가 직접 만났습니다. 이야기를 해보니 3~4년 전에 팔려고 했지만 두 번이나 가격이 맞지 않아서 팔지 않았다고 했습니다. 그는 제가 이미 산 집보다 50% 더 높은 가격을 받고 싶어 했습니다. 제가 산 단독주택이 위치도 훨씬 좋고 활용도도 큰데 그보다 높은 가격을 부른다는 것은 그 사람이 시세를 아예 모른다는 것을 의미했습니다.

저는 곰곰이 생각해봤습니다. 지금까지 수십 번도 넘게 강남의 단독주택, 다가구주택, 꼬마빌딩을 사면서 소유자가 제 생각보다 낮은 가격을 제시한 적은 단 한 번도, 정말 단 한 번도 없었습니다. 늘 제 생각보다 높은 가격을 제시했고, 다만 그 차이가 큰지 작은지만 다를 뿐이었습니다.

부동산을 사는 입장에서는 쉽게 저평가라는 단어를 쓰고 그런 부동산을 찾습니다. 하지만 단언컨대 그것은 신기루와 같습니다. 파는 입장에서 단 한 번이라도 생각해본다면 저평가라는 단어를 쓰지 않게 됩니다.

🏢 5% 이상 저렴한 강꼬빌딩은 없다　　　　　● ○

이제 제가 생각하는 저평가된 강꼬빌딩을 찾는 방법에 관해 이야기해볼게요. 방금까지 저평가된 부동산은 없다고 했는데 저평가된 강꼬빌딩을 찾는 방법을 이야기한다니 갸우뚱할 것 같은데요. 똑같은 부동산이라 해도 사는 사람이 어떤 용도로 쓸지에 따라서 그 가치가 달라지기 때문에 가능한 이야기입니다. 예를 들어 리모델링에 특기가 있는 사람이 낡은 구옥을 사서 리모델링 후 매도할 계획이라면 남들이 사는 가격에 사더라도 본인 입장에서는 저평가된 부동산을 사는 것과 같은 효과입니다.

또는 설계를 효율적으로 할 수 있는 사람이 신축을 위해 강꼬빌딩을 사는 경우, 본인이 우량한 임차인을 들일 수 있는 상황에서 공실인 건물을 사는 경우, 본인의 사업에는 도움이 되는 입지와 여건인데 다른 사람에게는 별 이점이 없는 부동산을 시세에 사는 경우입니다.

즉 저평가라는 것은 부동산 자체로만 판단했을 때는 존재하기 힘든 개념일 수 있지만, 본인의 능력이 받쳐주었을 때는 충분히 가능합니다. 누구에게나 좋은 부동산을 싸게 사는 방법은 없습니다. 하지만 본인에게만 좋은 부동산을 싸게 혹은 적정한 가격에 살 수는 있습니다. 이것이 저평가된 부동산을 사는 방법입니다.

아주 가끔 약간 낮은 가격, 즉 시세보다 최대 5% 정도 저렴한 강꼬빌딩이 매물로 나올 때가 있습니다. 물론 누군가는 '건물주가 급하면 5%보다 훨씬 싼 가격에 내놓을 수 있지 않을까? 나는 그런 강꼬빌딩을 사야지!' 하고 생각할 수 있습니다. 하지만 지금까지 수백 건의 강꼬빌딩 매물을 직접 확인해본 결과 아주 특수한 경우를 빼면 현저히 싼 매물은 본 적이 없습니다. 여기서 아주 특수한 경우란 '최순실 국정농단'처럼 사회적 이슈로 해당 건물을 사는 사람에게 불이익이 올 수도 있는 경우를 말합니다.

반대로 시세보다 훨씬 높은 가격에 나온 경우는 여러 번 봤습니다. 건물주가 시세보다 높은 가격에 강꼬빌딩을 내놓는 이유는 건물에 애정이 있어서, 건물을 지을 때 돈이 많이 들어서, 본인이 필요한 돈이 그 금액이어서 등으로 신축할 사람에게는 아무 의미 없거나 현실적으로 가치를 따지기 힘든 경우가 많습니다.

요컨대 시세보다 현저하게 낮은 가격에 강꼬빌딩이 매물로 나오는 예는 없습니다. 덧붙이자면, 시세보다 5% 이상 싸게 나온 건물은 하자가 있을 확률이 매우 높습니다. 사는 입장에서야 싸면 좋지만 파는 입장에서는 누가 싸게 팔려고 하겠습니까? 시세보다 확연히 싸다면 소유주가 해당 건물에 자신 없는 부분이 있기 때문입니다.

강꼬빌딩을 살 때 첫 번째 기준은 우량한 강꼬빌딩을 사는 것이며, 두 번째는 이왕이면 낮은 가격에 사는 것입니다. 그런데 실제 매물을 보다 보면 이러한 우선순위가 뒤바뀌어 일단 낮은 가격에 사겠다는 생각이 앞설 때가 있습니다. 그러나 우량한 강꼬빌딩은 높은 가격에 사도 나중에 가치가 올라 이익을 낼 수 있지만, 안 좋은 꼬마빌딩을 싸다는 이유로 사면 당장은 이익인 것 같아도 나중에 후회하게 마련입니다. 낮은 가격에 집중하기보다 제대로 된 건물을 선택하는 것이 훨씬 더 중요합니다.

07

적정 가격은 어떻게 알 수 있을까?

🏢 거래는 양쪽이 만족해야 성사된다 ● ●

아파트를 살 때는 거래 시세를 근거로 가격을 파악합니다. 내가 사려는 아파트가 35평이라면 최근 35평의 거래 가격을 알아보고 내가 사려는 호실과 비슷한 층, 동, 방향의 거래 가격을 기준으로 잡으면 됩니다.

이렇게 기준을 잡을 수 있는 이유는 크기가 같고 다른 여건도 거의 비슷하기 때문입니다. 그래서 최근 거래 시세를 내가 사려는 아파트에 그대로 대입해도 됩니다. 또한 가격 조율이 안 된다면 비슷한 조건의 다른 아파트를 선택할 수도 있습니다. 크기와 구조는 동일하고 층, 동, 향 정도만 차이가 나니까요. 즉 아무리 좋은 아파트도 그 아파트와 똑같은 크기, 구조의 집이 적게는 수십 채, 많게는 수백 채가 있지요.

그런데 강꼬빌딩은 어떤가요? 같은 크기와 구조를 가진 건물은 없다고 봐도 무방합니다. 바로 옆에 붙어 있는 건물이라도 땅의 크기가 다르고 건물 크기, 내부 구조, 자재 등 모든 것이 다릅니다. 바로 옆 건물이라도 평당 가격이 다른 것은 물론이고 똑같은 구조의 건물을 짓더라도 건축비는 두 배 이상 차이가 날 수도 있습니다. 그래서 단순히 인근의 거래 시세로 강꼬빌딩의 가격을 가늠할 수가 없습니다. 인근 강꼬빌딩의 시세로 내가 사고 싶은 강꼬빌딩의 가격을 산정한다는 건, 쉽게 말해 샤넬 지갑이 100만 원이니 에르메스 지갑도 100만 원에 달라는 것과 같습니다.

내가 아무리 정확한 방법으로 강꼬빌딩 가격을 산정했다고 해도 소유주가 그 가격에는 안 판다고 하면 아무 소용이 없습니다. 강꼬빌딩의 가격은 소유자가 정하는 것이지 사려는 사람이 정할 수 없습니다.

가끔 강꼬빌딩의 적정 가격을 원가 기준으로 생각하는 경우가 있습니다. 즉 땅 가격, 건축비, 세금 등을 합한 금액에 약간의 이윤을 더한 것이 거래 가격이 돼야 한다고 생각하며 그 이상은 거품으로 생각합니다. 그렇다면 백화점 명품관에 있는 물건들은 모두 거품으로 가득 찬 상품일 테지요.

사실 강꼬빌딩의 가격을 정형화된 기준으로 파악하기는 어렵습니다. 앞서 말했듯이 각 건물의 여건이 모두 달라서 건물의 여건과 내가 쓰려는 목적에 따라 가격을 산정해야 합니다. 또한 건물의 시세를 파악하기 위해서는 6개월 이상 해당 지역의 매물을 직접 보고 각 건물의 특징과 가격을 파악해야 합니다. 직접 보지 않거나 대충 훑어보고 가격을 짐작하는 것은 수박 겉핥기밖에 되지 않습니다.

언젠가 꼬마빌딩 관련 책을 읽다가 25억 원짜리 건물을 18억 원에 사서 큰 이익을 얻었다는 내용을 봤습니다. 과연 사실일지 의구심이 들었습니다. 사는 입장에서야 좋은 일이지만 파는 사람이 7억 원을 싸게 팔았다면 엄청난 손해를 본 것이기 때문입니다. 이런 이야기는 사실 건물을 팔려는 사람을 무시하는 내용에 지나지 않습니다. 또한 건물을 사려는 사람에게 잘못된 인식을 심어줄 수 있습니다. 마치 건물이란 게 몇 억 원은 깎을 수 있는 것이고 저평가된 건물은 시세보다 수억 원 싸게 살 수 있을 것 같은 오해를 심어줍니다. 다른 곳은 제쳐두더라도 현재 강남에서는 그런 일이 일어나기 어렵습니다.

거래는 내가 상대방의 입장이었어도 하고 싶어야 이뤄집니다. 내 입장에서는 받아들이겠지만 상대방이 받아들이지 않을 조건이라면 절대로 거래가 성사될 수 없습니다. 즉 건물을 7억 원 싸게 샀다는 이야기는 실제로 존재하기 매우 힘든 이야기이며, 이를 실제라고 받아들이는 사람은 제대로 된 건물을 사기가 매우 어렵습니다. 문제 있는 건물을 조금 깎아 사면서 속으로 쾌재를 부를 수는 있겠지만요.

한정된 자금으로 아주 높은 수익률을 올리고 싶은 마음은 이해하지만, 그런 마음을 이용하는 것이 사기입니다. 예를 들어 수익률 10%의 20억 원짜리 부동산을 15억 원에 살 수 있다며 다가옵니다. 1억 원을 빌려주면 매달 200만 원의 이자를 주겠다, 3억 원을 투자하면 매달 1,000만 원의 수익금을 보장한다는 식이죠.

높은 수익률을 찾다 보면 이 같은 제안에 솔깃해집니다. 게다가 실제로 이런 수익을 얻고 있는 사람이 있다, 통장으로 확인시켜줄 수도 있다고 하면 의심이 점점 사라집니다. 처음에는 강하게 의혹을 품지만 자꾸 듣다 보면 진짜인가 싶어집니다. 한번 확인해보겠다며 해당 관계자를 만나서 이야기를 듣고 통장 거래 내역을 보면 마음이 기우는 경우가 아주 많습니다.

아무리 똑똑한 사람도 이 정도면 돈을 투자하지 않기가 힘들고, 이미 머릿속에서는 '매달 300만 원을 받으면 이걸 해야지' 하고 상상의 나래를 펼칩니다. 하지만 대부분 짧게는 6개월, 길게는 1년 동안 수익금을 받고 난 후엔 원금을 손해 보는 일이 생깁니다.

어떤 경우에도 한쪽만 좋은 거래는 이뤄질 수 없습니다. 만에 하나 이뤄진다 해도 오래갈 수 없습니다. 1억 원을 빌려주는 대가로 월 200만 원의 이자를 받는 것은 좋지만, 반대로 1억 원을 빌리면서

200만 원의 이자를 주고 싶지는 않은 게 사람 마음입니다. 마찬가지로 20억 원짜리 부동산을 5억 원 싸게 사는 것은 좋지만 내 부동산을 5억 원 싸게 팔고 싶지는 않을 겁니다. 내가 싫다면 남도 싫은 것이 당연하며, 한쪽만 좋은 거래는 절대 없습니다. 그런 것이 있다면 아무리 그럴싸하게 설명한다 해도 기회를 가장한 사기에 지나지 않습니다.

'수익률 10%' 역시 마찬가지입니다. 은행 금리가 요즘같이 낮은 시대에 10%의 안정적인 수익률이 나오는 부동산을 낮은 가격에 팔고 싶어 하는 사람은 없습니다. 그런 부동산은 막상 사고 나면 공실과 연체, 수리 및 관리비로 처음 수익률의 반도 안 되는 경우가 허다하며, 매도인과 부동산 컨설턴트가 수익률을 높이려고 세입자와 모종의 거래를 한 경우도 있습니다.

거듭 강조하지만, 나만 좋은 거래는 절대 없습니다. 상대방의 입장에서도 꼭 생각해보고 판단하는 것이 결국 내 돈을 지키는 일이 됩니다.

🏢 가격은 가장 중요한 요소가 아니다 ● ●

우리는 물건을 살 때 싸게 사려고만 합니다. 하지만 강꼬빌딩은 싸게 사는 것이 능사가 아니라 가치 있는 건물, 잘 지어진 건물을 선택하는 것이 중요합니다. 단지 싼 가격에만 눈이 멀어 비지떡과 같은 건물을 사는 것보다는 가치 있는 건물을 높은 가격에 사는 것이 훨씬 더 나은 선택입니다.

물론 주변 거래 가격을 참고하고 이론적으로 접근해서 강꼬빌딩의 가격을 가늠해보는 연습을 하면 부동산을 보는 감과 안목을 높일 수 있습니다. 하지만 이를 맹신하고 내가 계산한 가격 이상은 모두 거품이라고 판단하는 것은 지양해야 합니다.

2000년대 초반에 지인이 신논현역 사거리 인근의 지하 1층, 지상 3층짜리 건물을 판 일이 있습니다. 직접 지은 건물이라 애착이 컸고, 건물 내부와 외부 모두 비싼 자재로 마감돼 있었지만 사정이 여의치 않아 건물을 팔게 됐습니다. 최종적으로 그는 20억 원에 건물을 매도했습니다. 그런데 몇 달 후 그 건물을 산 사람이 25억 원을 주고 샀다는 말을 들었습니다. 판 사람은 20억 원을 받았고 산 사람은 25억 원을 줬다면 과연 5억은 어디로 사라진 것일까요?

나중에 알고 보니 그 5억 원은 중간의 중개사들이 가져갔습니다. 그 건물 거래에는 세 명의 중개사가 관련돼 있었으며 그들이 5억 원을 나눠 가졌던 겁니다.

자기 건물의 가치가 25억 원인데 20억 원을 받고 판 사람, 20억 원에 살 수 있었던 건물을 25억 원에 산 사람, 20억 원에 나온 건물을 25억 원에 팔아 5억 원의 이익을 챙긴 세 명의 중개사,* 이 중에 가장 큰 이익을 얻은 사람은 누구일까요? 당연히 들인 돈 없이 5억의 수익을 본 세 명의 중개사겠지요.

그런데 과연 정말 그럴까요? 건물 매도 당시 공사 중이던 교보타워가 해당 건물 매도 이후 준공되면서 유동인구가 늘었고 덕분에 공사장 인근이던 해당 건물은 가치가 높아져 현재 시세가 100억 원이 넘습니다.

비록 해당 건물을 산 사람은 5억 원을 비싸게 샀지만 지금 그 가격의 네 배가 넘는 가격의 건물을 소유하게 됐습니다. 그가 만약 가격을 가장 중요한 요소로 보고 비싸다는 이유로 그 건물을 사지 않았다면 지금 어떤 기분일까요? 물론 다른 건물을 샀을 수도 있지만 해당 건물만큼 좋은 위치의 건물을 선택하기란 쉽지 않았을 겁니다.

강꼬빌딩을 선택할 때 가격은 가장 중요한 요소가 아닙니다. 가치 있는 건물을 선택하는 것이 가장 중요합니다.

---

* 현재 강남에서는 일어나기 힘든 이야기입니다. 20억 원에 내놓은 건물을 25억 원에 팔고 중간에서 5억 원을 얻는 것은 과거 '인정 작업'을 통해서 일어날 수 있었는데, 현재는 거의 사라졌습니다. 인정 작업이란, 가령 소유주가 30억 원에 꼬마빌딩을 내놓으면 중간 업자가 33억 원을 받아줄 테니 그 이상 받게 되는 금액은 본인이 수수료로 갖겠다고 협의하는 것을 말합니다.
현재 일어나기 힘든 일을 굳이 사례로 든 것은 비싸게 사더라도 입지가 좋은 건물을 사면 비싼 가격을 능가하는 가치를 얻을 수 있음을 강조하기 위해서입니다. 기획부동산의 꼬임에 넘어가 얼토당토않은 가격에 땅을 사는 것과는 다릅니다.

08

매입 전 주의 사항

🏢 멋진 외관에 마음을 빼앗기면 　　　● ●

강꼬빌딩뿐만 아니라 부동산을 살 때 가장 중요하게 고려해야 할
것은 '입지'입니다. 물론 강꼬빌딩은 강남에 있으니 기본적으로는
입지가 좋다고 할 수 있습니다. 하지만 좋은 것 중에도 더 좋은 것
과 덜 좋은 것이 있게 마련입니다. 강남은 대부분의 지역(블록)이 역
세권입니다. 지하철역을 1개 접하고 있는지 혹은 4개를 접하고 있
는지의 차이일 뿐 대부분이 지하철역과 인접해 있습니다. 그런데
몇 개 블록은 지하철역까지 10~15분 이상을 걸어야 합니다.

　아무리 강남이라 해도 지하철역과의 거리가 멀면 가치가 떨어지
는 것은 당연합니다. 같은 크기의 사과라도 당도가 낮으면 가격이

낮은 법이지요. 그런데 만약 당도를 알 수 없는 과일이 그럴싸하게 포장돼 있다면 어떨까요? 누구나 한 번쯤 아주 멋지게 포장된 과일 바구니 안의 과일이 기대보다 맛이 없었던 경험이 있을 겁니다. 화려한 포장만큼 가격은 비싼데 과일의 맛이 떨어진다면 속상합니다.

많은 사람이 '부동산은 입지'라고 강조합니다. 하지만 내가 가진 예산 안에서 좋은 입지에 있는 건물을 봐도 마음에 안 드는 경우가 허다합니다. 그런데 마침 입지는 안 좋지만 규모가 크고 외관이 멋있는 건물을 보게 된다면 마음이 흔들리게 마련입니다.

같은 예산에서 입지가 나빠질수록 건물은 점점 더 커지고 멋있어집니다. 그리고 입지가 좋은 곳에 있는 작은 건물이 시시하게 느껴집니다. 물론 '좋은 입지에 크고 멋진 건물을 내 예산으로 살 수 있다면' 하는 생각을 하지만 현실에서는 좀처럼 일어나기 힘든 일입니다.

이때 누구나 고민에 빠집니다. '아무리 입지가 중요하다 해도 이 정도 규모와 외관이라면 입지를 능가할 수 있지 않을까?' 대답은 '아니오'입니다. 건물을 사는 사람은 주위 사람들의 시선을 중요시하는 경향이 있습니다. '내가 이런 건물의 주인이라고 하면 주위 사람들이 어떻게 볼까?' 혹은 '이 정도 건물은 있어야 주위 사람들에게 자랑할 수 있을 텐데' 같은 생각이 결정에 미치는 영향이 적지 않습니다. 그 때문에 부동산의 본질이라 할 수 있는 입지가 아니라 건물의 규모와 외관에 신경을 씁니다. 그러나 화려한 외관은 시간이 지나면서 허름해지지만 입지는 시간이 지남에 따라 빛을 발합니다.

서울대에도 1등부터 꼴등이 있듯이 강남에도 순위가 있게 마련입니다. 이왕이면 내가 가진 예산 안에서 상위권 입지를 선택해야지 멋진 외관에 마음을 빼앗겨 엉뚱한 강꼬빌딩을 사는 것은 감성과 주변의 시선에 휘둘려 이성이 마비되는 것입니다.

🏢 41억 원에 산 강남 상가가 반 토막 난 이유 ●·

강남 지하철 역세권에 있고 월세 1,700만 원이 나오는 상가가 41억 원에 나온 적이 있습니다. 2016년이었고, 임차인은 유명 프랜차이즈였으며, 그 매물을 소개한 사람은 매스컴에도 나올 정도로 유명세가 있는 사람이었습니다.

건물 구매자는 평소 자기 사업만 열심히 하느라 부동산 투자는 잘 몰랐습니다. 하지만 해당 상가가 강남의 역세권에 있다는 것, 유명세가 있는 사람이 소개한 것이니 믿을 만하다는 것, 유명 프랜차이즈가 입점해 있다는 것 등의 이유로 21억 원의 본인 자금에 20억 원을 대출받아 해당 상가를 매입했습니다. 매달 월세 1,700만 원을

받으니 대출이자로 900만 원을 내더라도 800만 원의 이익을 얻을
수 있었습니다.

그런데 상가를 매입하고 난 후 얼마 지나지 않아 임차인이 더는
버티지 못하고 나가게 됐습니다. 그런데 그다음에 들어온 임차인이
월세를 장기간 미납하는 바람에 월세를 못 받고 매달 900만 원의
대출이자를 내야 하는 곤란한 상황에 부닥쳤습니다. 어찌해야 할지
몰라 임차인에게 이리저리 휘둘리기까지 했습니다. 월세도 받지 못
하면서 내보내지도 못하는 상황, 즉 최악의 상황에 맞닥뜨린 것입
니다. 임차인의 막무가내식 주장과 곤란한 상황에서 오는 불안함으
로 소유주는 월세를 1,000만 원으로 조정했습니다. 이제 월세를 받
아서 이자를 내고 나면 100만 원이 남는 상황이 된 것이지요.

본인 자금 21억 원을 투자해서 월 100만 원의 수익이 생기는데,
세금을 내면 오히려 마이너스입니다. 또한 월세 1,700만 원을 받는
상가를 41억 원에 산 것을 기준으로 하면, 월세 1,000만 원을 받는
것은 상가의 가격이 25억 원이 된 것이나 마찬가지입니다. 즉 월세
는 700만 원이 떨어지고 가격은 16억 원이 떨어진 셈입니다. 강남
의 지하철 역세권이라면 입지가 좋은데, 도대체 왜 이런 결과가 생
겼을까요?

아무리 좋은 자전거라도 자동차 타이어를 끼우거나 반대로 자동
차에 자전거 타이어를 끼우면 안 되듯이 아무리 역세권이라도 그

역에 맞는 부동산을 사야지, 그러지 못하면 자전거에 자동차 타이어를 낀 것과 다를 바가 없습니다.

사실 그 상가는 역세권이기는 했지만 상권이 거의 죽은 역세권이었습니다. 인근에 직장도 많지 않고 유동인구도 적었으며 향후 발전 가능성도 낮았습니다. 해당 상가가 있는 블록의 안쪽으로는 고급 빌라와 단독주택이 자리 잡고 있어 인구 밀집도가 낮았기 때문에 손님으로 올 수 있는 사람이 적었습니다. 길 건너 블록 역시 상가를 이용할 만한 사람이 많지 않은 상황이었습니다. 애초에 잘되기 어려운 상가였습니다.

또한 프랜차이즈는 우량한 임차인으로 볼 수도 있지만 인근에 비슷한 업종 혹은 더 유명한 프랜차이즈가 들어오면 손님을 고스란히 빼앗기는 상황이 벌어지기도 합니다(과거 TGI프라이데이가 소규모 패밀리레스토랑 옆에만 점포를 열어 기존의 패밀리레스토랑이 사라졌고, TGI프라이데이가 자리 잡고 난 이후에는 그 옆에 아웃백이 들어서서 TGI프라이데이가 하나씩 사라졌습니다. 카페 역시 프랜차이즈 카페가 잘되고 있으면 인근에 새로운 프랜차이즈가 입점하면서 손님이 나뉘거나 한쪽이 사라지기도 하지요).

그리고 그 상가는 너무 컸습니다(70평 이상). 인근에 거주인구나 유동인구가 많지 않아도 편의점, 세탁소, 약국 등 소규모이면서 생활에 꼭 필요한 상가는 그나마 유지가 됩니다. 하지만 거주인구와 유동인구가 많지 않은 곳의 큰 상가는 제대로 자리 잡기가 매우 어렵습니다. 물론 예외도 있습니다. 유명 맛집이나 뛰어난 영업력을 가진 임차인이라면 말이지요.

그 상가는 강남 역세권에다 유명 프랜차이즈가 입점해 있고 수익률도 높았으니 잘 모르는 사람이 보기에는 아주 우량한 부동산일 수 있습니다. 하지만 잘 아는 사람이 봤다면 절대로 선택하지 않을 부동산이었습니다.

09

입지를 보는 기준

🏢 어떤 건물이 임대가 잘될까

강남뿐만 아니라 모든 지역에서 역세권은 좋은 입지를 판단하는 하나의 기준입니다. 하지만 강남은 하나의 역세권에서 멀어지면 다른 역세권과 가까워지는 특징이 있습니다. 예를 들어 선릉역에서 멀어지면 동쪽에는 역삼역, 서쪽에는 삼성역, 남쪽에는 한티역, 북쪽에는 선정릉역이 있습니다. 강남에는 비역세권이 거의 없고 그로 인해 낮은 가격대의 강꼬빌딩이 존재하기가 어렵습니다. 또한 강남은 가격이 평준화돼 있으며 가격 변화 역시 전체적으로 함께 움직인다고 볼 수 있습니다.

그렇다면 강남에서 입지를 볼 때는 과연 어떤 기준으로 봐야 할까요? 우선 내가 어떤 용도의 건물을 살지를 먼저 정해야 합니다. 주거형 건물인지 상가 및 사무용 건물인지에 따라 입지를 보는 기준이 아주 달라집니다. 그리고 주거형 건물의 입지를 볼 때도 1~2인 가구를 대상으로 하는지 3~4인 가구를 대상으로 하는지에 따라 고려해야 할 점이 다릅니다. 상가 및 사무용 건물 역시 상가 용도가 큰지, 사무용 용도가 큰지에 따라 다릅니다.

1~2인 가구 대상의 강꼬빌딩 입지

1~2인 가구를 대상으로 한다면 강남 전체가 좋은 입지입니다. 1~2인 가구는 다른 무엇보다 직장과의 거리를 가장 중요하게 생각하는데, 강남은 전 지역에 직장이 분포돼 있습니다. 물론 강남대로와 테헤란로에 직장이 밀집돼 있어 이 지역 임대 수요가 많지만 그렇다고 해서 다른 지역의 임대 수요와 크게 차이가 나지는 않습니다. 비슷한 조건이라면 역세권, 평지인 곳이 임대하기에 조금 더 유리합니다.

3~4인 가구 대상의 강꼬빌딩 입지

3~4인 가구는 자녀가 있는 세대이며, 자녀가 있는 세대는 반드시

유치원, 학교가 인접해 있어야 합니다. 그렇지 않으면 임대가 쉽지 않을 수 있습니다. 물론 3~4인 가구라고 해서 무조건 자녀가 있는 것은 아니지만 이왕이면 학교 가까운 곳의 입지가 유리합니다.

상가 및 사무용 강꼬빌딩 입지

일단 상가 및 사무용 건물은 주거용 건물보다 가격이 높습니다. 주거용 꼬마빌딩이 골목 안쪽에 있는 데 반해 대로의 이면도로 혹은 메인 골목에 자리하고 있기 때문이지요. 우선 상가 용도가 큰 건물은 지하철역과 가까운 것도 좋지만 그보다는 상권이 형성돼 있는 골목이 유리합니다.

그리고 사무용 꼬마빌딩은 지하철역과의 거리도 중요하지만 지하철역과 100m 떨어져 있는지 200m 떨어져 있는지는 임대에 큰 차이가 없습니다. 즉 도보로 5분 안에 있는 꼬마빌딩끼리는 역까지의 거리 차이가 임대에 큰 영향을 미치지 않습니다. 물론 10분 안에 있는 꼬마빌딩끼리도 마찬가지입니다. 역과의 거리가 비슷한 경우 주차 가능 여부와 주차 가능 자동차 수가 임대에 큰 영향을 미치기도 합니다.

🏢 임대 수요 파악 노하우

부동산에 관심이 있는 분이라면 임대 수요가 중요하다는 것은 다 아는 사실입니다. 직장이 많은 지역, 대학가 인근, 교통이 편리한 곳 등이 임대 수요가 많은 곳이지요. 그런데 이런 내용을 안다고 해서 임대 수요를 제대로 파악할 수 있을까요? 대략 예상만 할 뿐 확실히 파악하기는 힘듭니다. 부동산은 실물시장이지 이론시장이 아닙니다. 부동산은 통계, 이론, 검색으로 파악할 수 있는 시장이 절대 아니며, 발품을 팔아 실물을 보고 판단해야 하는 분야입니다. 현실적으로 임대 수요를 파악하는 방법은 아주 간단합니다.

첫 번째, 임대 수요를 알고 싶은 지역의 부동산중개소에 전화를 합니다.

두 번째, 사무실이나 오피스텔, 상가 등 내가 임대 수요를 확인하고 싶은 부동산의 임대를 구한다고 말하고 매물을 볼 수 있는지 물어봅니다. 보증금과 월세금액 등 임대 수요를 확인하고 싶은 매물에 맞춰 구체적으로 물어봐야 합니다.

세 번째, 내가 원하는 매물(사무실, 오피스텔, 상가)과 비슷한 매물의 공실이 많은지 혹은 없는지, 그리고 임차를 원하는 사람들이 많은지도 곁들여 물어봅니다(사실 우리에게 중요한 내용은 이것이지만 이 부분에 대해서만 집중적으로 물어본다면 상대방은 이상하게 생각하고, 제대로 된 답을 하지 않을 수도 있습니다).

사실 세 번째까지만 실행해도 임대 수요에 대해 어느 정도 파악할 수 있습니다. 하지만 확실하게 하려면 중개소를 직접 방문해서 임대 매물들을 눈으로 확인해야 합니다. 같은 가격대, 같은 크기의 매물이더라도 위치, 내부 시설, 관리 상태에서 차이가 있기 때문입니다. 이에 따라 가격이 비싸기도 하고 싸기도 한 것을 확실하게 파악할 수 있습니다.

현장을 직접 보지 않고 통계, 이론, 검색으로 파악하는 것은 수박 겉핥기에 지나지 않고, 중개소와 전화 통화로 파악한 것은 수박 껍질 안의 하얀 부분을 맛보는 정도이며, 직접 가서 매물을 눈으로 보고 확인하는 것이 수박의 빨간 부분을 맛보는 것입니다.

이런 방법으로 임대 수요를 확인하다 보면 예상과 실제가 다른 경우가 많습니다. 임대 수요가 적은 곳이지만 알짜 건물이 있기도 하고, 반대로 임대 수요는 많지만 실제로는 임차인들이 장사가 안 돼 마지못해 영업하는 곳이 있기도 합니다.

10

중개수수료는 얼마?

🏠 가격 협상 과정 • ○ ○

최근에 강꼬빌딩을 지으려고 오래된 구옥을 매입했습니다. 가격을 조율하는 데 꽤 오랜 시간이 걸렸고, 긴 협상 끝에 제가 생각한 금액보다 약간 높은 적절한 금액에 계약하게 됐습니다. 그런데 적절한 금액에 계약하는 대신 매도자의 중개수수료까지 부담하게 된 일이 있었습니다.

해당 구옥의 주인은 서울에서 4시간 거리의 지방에 살고 있었습니다. 그와 연락이 되는 중개사는 한 명뿐이었습니다. 보통은 여러 명의 중개사와 연락하며 이곳저곳에 매물을 내놓는데, 이 소유자는 한 명의 중개사를 믿고 거래하고 있었습니다. 소유자가 근처에 없으니 임차인을 구해주고 구옥을 관리해주는 등의 일을 하면서 오랜 시간 소유자와 신뢰관계를 맺은 듯했습니다. 사실 이렇게 오랜 기간에 걸쳐 신뢰관계가 형성돼 있으면 다른 중개사가 끼어들어 자기가 더 높은 가격에 팔아준다고 해도 대개 받아들여지지 않습니다.

그래서 한 중개사를 통해서만 계약할 수 있었습니다. 그는 현실성 있는 가격을 제시했습니다. 보통 소유주와 신뢰관계가 형성되지 않은 공인중개사는 소유주가 제시한 가격으로 거래되기를 넋 놓고 기다리거나 혹은 소유주가 말한 가격에서 약간 조율한 가격에서 계약을 하려고 합니다. 하지만 그러한 가격은 시장에서 거래되는 가격과 동떨어진 경우가 많습니다.

원하는 가격에 팔리면 좋고 안 팔려도 상관없는 주인이라면 무조건 높은 가격을 부르는 것이 일반적입니다. 그런 매물은 실제로 팔려고 내놓은 것이 아니라 가격을 알아보려고 내놓은 경우도 많습니다. 5년째, 심하게는 10년째 가격을 조금씩 올리며 매물로 내놓은 예도 봤습니다.

이 구옥은 제가 생각하는 가격 범위 안에 있었습니다. 하지만 누구나 그렇듯 본인이 생각하는 가격 범위에서 가장 낮은 금액으로 사고 싶어 하듯이 저 역시 가격을 더 낮추고 싶었습니다. 협상 과정은 항상 저에게 여러 감정을 느끼게 합니다. 여러 번 한다고 해서 그 감정들이 줄어들거나 없어지지는 않습니다.

'이 가격에 사도 괜찮은데 그냥 계약할까? 다른 곳에서 먼저 계약하면 어떻게 하지? 이거보다 더 깎을 순 없을까? 연락을 먼저 할까? 아니면 더 기다릴까?' 이런 생각들이 머릿속을 어지럽힙니다. 중개사가 불안감을 부추기는 말을 하기 때문입니다. "다른 데서는 00억 원에 산다고 하네요. 지금 이 집을 산다고 3개 회사에서 매수 의향서가 들어온 상태예요. 건물 주인이 그 가격에는 안 판다고 기분 나빠 합니다."

이렇게 마음 졸이며 시간을 들여 최종 합의에 이르게 됩니다. 물론 계약이 안 되거나 실제로 다른 곳에서 계약을 해버릴 때도 있습니다. 하지만 그런 것이 무서워서 매도자가 원하는 가격과 조건을 다 들어줄 수도 없는 노릇이지요.

결론적으로 약간 조율된 가격에 합의가 됐으며, 그 조건으로 집주인이 내야 할 중개수수료를 우리가 떠안기로 했습니다. 사실 조삼모사 같은 상황이지만 중개수수료는 깎을 수도 있으니 애초 상황보다는 좀 더 낫다고 생각했습니다.

🏢 중개수수료, 너무 아끼지 말자 ● ◦

마침내 해당 구옥을 계약하는 당일이 됐습니다. 금액, 세입자 명도를 포함해 모든 조건이 조율된 상태였고 계약서에 도장 찍는 일만 남았습니다. 그런데 그때 중개사가 매수자, 매도자의 중개수수료를 법정 최고 요율인 0.9%로 받아야겠다고 하는 것이었습니다.

강꼬빌딩의 중개수수료율은 매매금액의 최대 0.9%입니다. 그 안에서 협의를 하는데, 가격을 어느 정도 조정했는지, 거래 조건(계약금, 중도금 비율이나 기간 등)을 어떻게 협의했는지, 중개사가 어느 정도의 역할을 했는지에 따라 달라집니다. 중개사가 자신의 역할은 조금밖에 하지 않고 높은 수수료를 원할 때는 최악의 경우 법정 소송으로 가기도 합니다. 반대로 중개사의 역할이 컸다면(내게 유리한 조건을 이끌어냈다면) 법정 수수료 이외에 컨설팅 비용을 주기도 합니다.

요율은 0.9%지만 금액은 수천만 원이어서 쉽게 받아들일 수만은 없었습니다. 더구나 양쪽의 중개수수료를 제가 내기로 약속한 상황이었으니까요. 그런데 모든 조건이 다 합의된 상태에서 몇 천만 원의 중개수수료 때문에 계약을 안 하기도 곤란한 상황이었습니다. 계약서를 쓰는 타이밍에 중개수수료를 최고치로 받아야겠다는 중개사가 매우 얄미웠지만, 사실 그의 평소 행동으로 보아 그렇게 나올 거라고 예상했고 계약을 하러 가기 전에 저희 본부장님에게 그 사람이 분명히 그렇게 나올 거라고 이야기하기도 했습니다.

0.9% 요구에 본부장님은 중개사와 따로 이야기하겠다며 나가더

니 몇 분 뒤에 들어와서는 얼마로 조율됐다고 하는 것이었습니다. 그래서 예정대로 계약을 진행하고 돌아오는 차 안에서 어떤 이야기를 했는지 물어봤습니다.

간단히 말하면, 우리도 그 상황에서 계약을 안 하기 곤란한 처지였지만 중개사나 매도자도 같은 입장이었습니다. 본부장님은 최고 요율로 꼭 해야겠다면 계약하지 않겠다며 으름장을 놓았고 결국 중개수수료를 조율할 수 있었다고 합니다.

사실 저는 0.9%의 중개수수료까지도 받아들일 용의가 있었습니다. 물론 억울한 마음이 들었겠지만요. 그렇게 생각한 이유는 해당 매물이 제가 생각한 금액 이내였고 그 가격 그대로 산다고 해도 잘못 사거나 바가지를 쓰는 상황은 아니었습니다. 하지만 좀 더 싸게 사고 싶은 마음에 가격 조율을 하며 매도자의 중개수수료를 떠안게 된 것이지요. 애초에 깎고 싶은 만큼 깎은 것은 아니지만 그래도 조건이 더 나아졌으니 만족할 만한 상황이었습니다.

여기서 중요한 것은 바로 해당 매물의 가격이 적정한지를 아는 겁니다. 그것을 모르면 매도자의 중개수수료를 떠안는 것이 부당하다고 생각해 애초에 진행이 안 될 수도 있습니다.

시세를 알고 정확한 가격대를 파악한다면 상대방의 중개수수료를 떠안는 것뿐만 아니라 몇 배의 중개수수료에 해당하는 컨설팅 비용을 낼 수도 있습니다. 좋은 물건을 싸게 거래해줄 수 있는 능력을 가진 중개사에게는 그에 합당한 대우를 해줄 수 있어야 합니다. 하지만 단순히 물건을 소개하는 수준의 사람 혹은 중간에서 조율하는 능력이 떨어져 직접 많은 부분을 감당해야 하는 경우에는 또 그에 합당한 대우를 해야 합니다.

우리의 목적은 제대로 된 강꼬빌딩을 선택하는 것임을 잊어서는 안 됩니다. 가격 조율이나 중개수수료 부담은 그다음입니다.

11

세입자가 좋아하는
입지, 구조, 인테리어

🏢 세입자는 젊다

신축 설계를 할 때마다 어떻게 하면 더 좋은 구조로 설계해 수익률과 임대 안정성을 높일 수 있을지 고민합니다. 중요한 점은 월세 받는 건물주가 아니라 월세를 내고 들어와 살고자 하는 사람 입장에서 생각해봐야 한다는 겁니다. 많은 사람들이 건물을 살 때나 지을 때 자신의 입장만 따져보는 실수를 저지릅니다.

예를 들어 인근 건물보다 수익률이 높은 것은 주변보다 월세가 높아서인데, 나라면 과연 높은 월세를 낼 만큼 이 건물에 들어올 이유가 충분한지를 반드시 생각해봐야 합니다. 따져보지 않고 건물을 사면 임차인이 떠나고 난 후 새로운 임차인을 구하기 어려울 수 있습니다.

신축을 할 때도 세입자가 원하고 좋아하는 설계를 해야 합니다. 월세를 많이 받을 수 있는 설계는 따로 있습니다. 건물을 짓거나 사는 사람들은 50~60대가 많은데 본인이 좋아하는 방향으로 설계를 합니다. 혹은 그나마 본인이 20~30대일 때 좋아했던 것을 떠올려 설계에 반영하지요. 그러나 강꼬빌딩 세입자들은 현재 20~30대인 젊은이가 다수입니다.

강남에는 다양한 연령대의 임대 수요가 있지만 20~30대가 다른 연령대에 비해 소득이 안정돼 있고, 일을 그만둔다 해도 다른 직장에 취직할 수 있는 확률도 높습니다. 또한 20~30대 세입자를 들이면 임대 관리를 하기가 비교적 수월합니다. 월세를 연체하는 비율이 낮기 때문입니다. 그래서 설계뿐만 아니라 내부 인테리어 등 모든 결정을 내릴 때는 20~30대가 좋아하는 쪽으로 해야 합니다. 단지 비싼 자재, 내가 보기에 좋은 구조, 멋있는 인테리어를 한다고 세입자에게 인기 있는 건물이 되지는 않습니다. 과거에 해오던 방식으로 건물을 설계하고 인테리어를 한다면 주변 건물과 비슷한 건물이 되겠지요. 그런 경우 임대 비수기에는 주변 건물과 월세 하향 경쟁을 할 수밖에 없습니다.

세입자들이 좋아하는 입지

우선 거주하기 좋은 입지와 사무실(상가)을 운영하기 좋은 입지로 나눌 수 있습니다. 또 거주를 위한 입지는 세입자가 1인 가구인지 다인 가구인지에 따라 차이가 납니다.

1인 가구가 원하는 입지는 일자리가 가까운 게 첫 번째이며 그다음으로 상권이 발달한 곳, 즉 생활이 편리한 지역입니다. 즉 1인 가구를 위한 입지는 일자리가 많고 번화한 곳이어야 합니다. 강남을 예로 들면 테헤란로 안쪽, 논현동 일대죠.

3인 이상 다인 가구를 위한 입지의 필수 요소는 학교입니다. 인근에 학교가 있어야 하며 초중고가 모두 있다면 가장 좋지만 적어도 초등학교는 가까이 있어야 합니다. 자녀가 어릴수록 통학 안전을 위해 초등학교가 가까이 있는 곳을 좋아합니다. '초품아(초등학교를 품은 아파트)'가 인기 높은 이유입니다. 그다음으로 고려할 것은 생활편의시설인데, 1인 가구는 성인이 생활하기 편한 상권, 즉 식당, 편의점, 세탁소, 약국 등이 있는 지역을 선호한다면 다인 가구는 자녀가 생활하기 편한 곳을 말합니다. 즉 학원이 가깝고 유흥시설이 없는 지역이죠. 서울에서 이러한 요건을 갖춘 대표적인 지역으로 대치동, 목동, 중계동을 꼽을 수 있습니다.

사무실을 위한 입지의 첫 번째 요건은 교통입니다. 출퇴근이 편해야 하기 때문입니다. 사무실 임대료는 지하철 역세권에서 가까울수록 높고 멀어질수록 낮아집니다. 물론 주차 가능 여부, 주차 대수도 임대에 영향을 미칩니다.

상가를 위한 입지는 과거에는 상권이 발달된 곳, 코너에 자리한 상가, 지하층이나 2층, 3층보다는 1층을 선호했습니다. 하지만 배달 문화가 자리 잡고 온라인과 SNS 마케팅을 통해 고객이 유입되는 업종이 늘어나면서 입지의 중요도가 과거보다 줄어들었습니다. 상가의 입지는 과거보다 영향력이 줄어들고 사업자의 영업 능력이 중요해졌습니다. 그렇다고 상권이 아예 없는 지역, 주변에 주거와 사무실이 없어서 배달에 비용과 시간이 많이 드는 입지를 선호하지는 않습니다. 중요도가 과거보다 줄어들기는 했지만 입지는 기본적으로 챙겨야 하는 요소임은 틀림없습니다.

상가는 업종에 따라 원하는 입지가 천차만별입니다. 배달을 전문으로 하는 매장은 아파트와 사무실이 밀집된 곳을 원하지만, 꼭 상권이 발달한 먹자골목에 위치할 필요는 없으며 뒷골목이라도 전혀 상관이 없습니다. 또한 온라인과 SNS 마케팅을 잘하는 사람이 운영하는 가게는 교통만 편리하다면 어느 입지라도 크게 상관없습니다. 즉 내가 사고자 하는 상가 건물에 어떤 업종의 임차인을 들일지를 생각해보고 그에 맞는 조건을 따져보고 판단해야 합니다.

세입자가 좋아하는 구조

소유주가 자기만의 특이한 구조를 추구하다가 세입자들에게 외면받는 일도 있는데, 강꼬빌딩의 구조가 좋은지 나쁜지는 세입자가 누구인지에 따라 다릅니다. 1인 가구는 오픈형 원룸 구조보다 거실과 방이 분리된 분리형 원룸을 선호하고, 다인 가구는 아파트형 구조를 선호합니다. 초중고 인근의 빌라라면 원룸형보다 3인 이상이 살 수 있는 투룸, 쓰리룸의 규모와 구조가 유리합니다. 물론 주변에 학교가 없고 직장이 많은 지역이라면 원룸 구조가 더 적합합니다.

사무실은 사각형이 다각형 구조보다 유리하며 특히 기둥의 위치와 개수가 임대에 영향을 미칩니다. 다각형 구조는 사무용 가구를 배치하거나 부서를 공간에 따라 나누기에 모호하기 때문입니다. 기둥이 많으면 죽은 공간이 생기기 쉬워 선호하지 않습니다. 또한 화장실이 층마다 있고(사무실 내부보다 복도에 있는 것을 선호), 이왕이면 남녀 화장실이 분리돼 있어야 임대에 유리합니다.

주거용은 방 하나로 된 원룸, 방 하나와 거실 하나가 있는 원룸원거실, 방 2개가 있는 투룸 그리고 쓰리룸 등이 있습니다. 이 중에 어떤 구조가 세입자 구하기에 도움이 될까요? 우선 한 집의 크기가 커질수록 임대수익률은 낮아지며 월세 임대가 어려울 수 있습니다. 강남뿐만 아니라 모든 지역이 동일하며 사실 강남은 그중에 가장 유리한 지역에 속합니다.

만약 10평짜리 원룸의 월세가 50만 원이라면, 원룸 2개를 갖고 있으면 월세 100만 원을 받을 수 있습니다. 그러면 원룸 크기의 두 배인 20평짜리 투룸에서는 월세 100만 원을 받을 수 있을까요? 크기가 두 배이니 월세도 두 배로 받을 수 있을 것 같지만 현실에서는 잘 받아야 90만 원입니다. 물론 그 크기가 세 배인 30평짜리 집에서는 150만 원이 아니라 130만 원 정도의 월세를 받습니다.

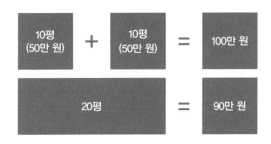

그렇다면 왜 이런 일이 일어날까요? 마트에서 물건을 하나 살 때와 묶음으로 살 때 물건 값이 싸지는 것처럼 부동산 역시 그러한 이유일까요? 사실은 이렇습니다. 일단 크기가 커질수록 임대 수요자의 수가 줄어듭니다. 소득이 높은 사람이 소득이 낮은 사람에 비해 수가 적기 때문이고, 크기가 커질수록 세입자들은 월세보다 반전세 혹은 전세를 선호하기 때문입니다.

대부분의 임대 수요자가 집의 크기가 커지면 월세를 줄이기 위해

보증금을 높이려고 합니다. 집주인 역시 높은 월세가 미납돼도 문제없을 만큼의 보증금을 원하게 됩니다. 그래서 큰 집보다 작은 집이 월세 임대를 놓기에 유리합니다.

그럼 작기만 하면 임대가 잘될까요? 과거에는 원룸이라고 하면 파티션이나 벽 없이 완전히 오픈된 원룸이 대부분이었습니다. 하지만 현재는 작은 집이라도 거실과 방의 공간이 분리된 형태가 인기가 더 높습니다. 또한 똑같이 방 하나에 거실 하나라고 해도 방이 큰 것보다는 거실이 넓은 곳이 더 인기가 높습니다. 대부분의 1인 가구가 방에서는 잠만 자고 거실에서 많은 시간을 보내기 때문입니다. 거실 크기를 확보할 수 없을 때는 간단한 파티션을 설치해서 공간을 구분해주는 것이 임대를 놓기에 유리합니다.

사업용(상가, 사무실)인 경우라면 과거에는 건물 전체를 통으로 임대 주거나 적어도 한 층씩 임대 주는 것을 선호했습니다. 하지만 지금 같은 불경기에는 그렇게 임대를 하다가 세입자가 나가면 또다시 그 정도 규모의 세입자를 구하기가 쉽지 않습니다. 즉 대형으로 임대하면 세입자를 구하기가 어렵고 공실 기간이 길어진다는 위험이 있습니다. 임대 관리가 번거롭더라도 작은 크기로 여러 세입자를 들이는 것이 임대 안정성 면에서 훨씬 유리합니다. 하지만 그렇게 하려니 건물주가 힘이 들고 임대 관리 비용도 많이 듭니다.

과거에 비해 많아진 1인 창업, 소규모 창업으로 인해 소형 사무

필자가 직접 지은 상가·사무실형 꼬마빌딩인 〈더 케아〉의 외관과 내부.

실 수요가 늘어나면서 소호 사무실, 공유 오피스, 비즈니스센터 등이 생겨났는데요. 이는 건물주로부터 넓은 면적 혹은 건물 전체를 임차한 후 잘게 쪼개 다시 여러 세입자에게 임대하는 형태, 즉 '전전대'의 사업 모델이라고 볼 수 있습니다. 전전대란 임대를 얻은 뒤 또 다른 사람에게 임대하는 것을 말합니다. 가령 건물주 A에게 세입자 B가 보증금 1,000만 원, 월세 100만 원에 임대를 얻은 뒤 C에게는 보증금 200만 원, 월세 120만 원을 받는 겁니다. 그렇게 되면 B는 20만 원의 수익이 생깁니다. 하지만 보증금이 적기 때문에 월세가 밀리면 오히려 손해를 볼 수도 있습니다. 또한 한두 개가 아니라 여러 개의 부동산을 전전대 형태로 운영하면 세입자 관리에 비용이 많이 듭니다.

건물주 입장에서 보면 비즈니스센터라는 세입자 한 명에게 전체를 임대한 것이지만, 비즈니스센터가 건물주를 대신해 수십에서 수백 명의 세입자 관리를 해주는 것이라고 볼 수도 있습니다. 최근 위워크, 패스트파이브, 토즈 등의 비즈니스센터가 급속도로 확장하는 것을 보면 이 같은 흐름이 유행을 넘어 사업의 한 분야로 자리 잡을 수 있다고 생각합니다. 물론 비즈니스센터가 사업의 한 분야로 자리 잡고 유지되려면 지금과 같이 1인 창업 혹은 소규모 창업이 많이 이뤄지고 대기업 역시 본인들이 직접 사무실을 운영하는 것이 아니라 비즈니스센터를 사용하는 환경이 지속돼야 합니다. 그렇지 않다면 비즈니스센터는 한 시대의 유행으로 끝날 수도 있습니다.

정리하자면, 상가 및 사무실 역시 주거와 마찬가지로 소규모 임대가 임대 안정성이 높습니다.

세입자가 좋아하는 인테리어

오늘 제가 지어서 직접 임대하고 있는 케어하우스에 전세 계약이 있었습니다. 저는 계약할 때마다 세입자를 만나면 왜 케어하우스를 선택하는지 물어봅니다. 오늘 계약하러 온 세입자에게도 이유를 물어봤습니다. 세입자는 강남권에서 20개가 넘는 전셋집을 알아보다가 마지막으로 이곳을 보게 됐는데, 보자마자 '이 집이다' 하는 느낌을 받았다고 합니다. 일단 신발장이 넓고 드레스룸 스타일의 행거가 있어 마음에 들었다고 했습니다. 그 말을 듣고 그동안 세입자 마음에 드는 인테리어를 하기 위해 애쓴 노력에 대한 보상 같아서 기분이 좋았습니다.

신발장을 넓게 하거나 시스템 행거를 넣는 것은 비용이 더 드는 것은 물론 설계 단계에서 이미 고려해야 가능한 부분입니다. 그러나 그 집에서 직접 살아갈 사람들이 좋아하는 쪽으로 완성해놓으니 다른 건물과 경쟁할 필요가 없어졌습니다.

사실 주거용 부동산은 10년 전과 크게 달라진 부분이 없습니다.

화이트 톤의 주방, 밝은색 계열의 벽지 등 10년 전이나 지금이나 비슷하게 공급되고 있는 것이 현실입니다. 그렇기 때문에 주거형 부동산은 조금만 신경 쓰면 임대하기에 유리합니다. 그러한 인테리어는 트렌드를 이끄는 회사의 매장을 가보면 어렵지 않게 알 수 있습니다. 예를 들어 이케아 매장에 가보면 콘셉트에 따라 여러 샘플하우스가 있는데 100퍼센트 따라 할 수는 없어도 일정 부분 참고하면 차별화된 인테리어를 할 수 있습니다. 그리고 20~30대 싱글족이 아닌 다인 가구를 위한 인테리어라면 한샘 매장을 참고하는 것도 좋습니다.

한편 사업용(상가, 사무실) 부동산의 인테리어는 패스트파이브, 위워크와 같은 공유 오피스와 요즘 핫플레이스(카페, 레스토랑, 펍)를 참고하면 임대에 도움이 됩니다. 물론 공유 오피스(패스트파이브, 위워크)에는 사무실에 필요한 모든 집기(책상, 의자, 복사기 등)가 구비돼 있을 뿐 아니라 휴게공간까지 마련돼 있어 부동산 임대를 위해 그 모두를 따라 하기는 쉽지 않습니다. 하지만 그곳의 분위기, 즉 벽이나 바닥의 마감재와 색상 그리고 조명 등은 얼마든지 참고해 본인 건물만의 차별화된 분위기를 만들 수 있습니다.

모든 물건의 가치는 수요 공급의 법칙에 따라 정해집니다. 부동산도 마찬가지입니다. 하지만 이에 대해 좀 더 깊이 들여다볼 필요가 있습니다. 예를 들어 가방의 공급이 늘어나면 가방의 가격이 낮

필자가 지어서 임대하고 있는 〈케아하우스〉. 신발장이 넓고 드레스룸 스타일의 행거가 있는 등, 20~30대 세입자의 마음에 드는 인테리어로 인기가 높은 주거용 꼬마빌딩.

아진다고 생각하는 것이 상식이지만 아무리 가방의 공급이 늘어난다고 해도 모든 가방의 가격이 내려가는 것은 아닙니다. 즉 시장에서 파는 가방의 공급이 10배로 늘어난다고 해도 샤넬 백의 가격은 내려가지 않습니다.

아파트 역시 공급이 많아진다고 해서 모든 아파트의 가격이 내려가는 것이 아니라 힐스테이트, 자이 같은 브랜드 아파트는 더 오르기도 합니다. 수요와 공급에 의해 가격이 정해지는 것은 맞지만 차별화된 상품은 그 법칙 밖에 존재합니다.

임대 시장 역시 비슷비슷한 꼬마빌딩들의 공급이 많아지면 세입자를 구하기 어려워지고 월세 낮추기 경쟁을 해야 합니다. 하지만 세입자들이 좋아할 구조의 차별화된 부동산은 그 경쟁 밖에 있습니다. 즉 수익률과 임대 안정성을 높이는 방법은 비슷비슷한 건물을 좀 더 싸게 사서 낮은 가격에 임대하는 것이 아니라 애초에 차별화된 건물을 선택해 임대 경쟁에서 빠져야 합니다.

그러려면 세입자들이 좋아하는 입지, 구조, 인테리어가 무엇인지 알아야 합니다. 이를 위해 제가 쓰는 방법은 그들에게 인기 있는 장소, 예를 들어 카페, 펍, 레스토랑 등을 가보고 그곳들의 공통점과 인기 요인을 파악해보는 것입니다. 이렇게 파악한 요인을 실제 설계와 건축, 인테리어에 적용하여 20~30대 세입자들이 좋아하는 건물을 만듭니다.

12

매입하고 난 후의 갈림길

🏢 목표가 무엇입니까　　　　　　　　　　● ●

마침내 강꼬빌딩을 매입했다면 이제 무엇을 해야 할까요? 건물을 사면서 은행에서 빌린 돈을 갚을 수도 있고, 전세로 임대를 준 호실이 있다면 종잣돈을 모아 월세로 전환할 수도 있습니다. 대출을 갚거나 전세를 모두 월세로 바꾸고 나면 월세를 적어도 1,000만 원 이상 받을 수도 있습니다. 월세 1,000만 원이 목표라면 은퇴하기 전, 혹은 가능하면 빠른 시간에 대출을 갚고 전세를 월세로 전환하면 됩니다.

그런데 목표가 월세 1,000만 원 이상이라면 어떻게 해야 할까요? 그럴 때도 똑같이 대출을 갚고 월세 전환을 마무리한 뒤에 종잣돈을 모아서 다음 건물을 사야 할까요? 저는 20년 전 이 같은 상황에 놓인 사람을 여럿 보았고, 어떤 결정을 하는지에 따라 20년 후의 결과가 어떻게 달라지는지 시간과 경험을 통해 알 수 있었습니다.

결론부터 이야기한다면, 강꼬빌딩을 하나 산 이후 대출을 갚는 것을 목표로 한 사람은 지금 은행 대출을 거의 갚은 상황입니다. 그러나 건물을 하나 더 사겠다는 목표를 가졌던 사람은 현재 3개의 빌딩을 소유하고 있습니다. 과연 무엇이 이런 차이를 만들었을까요?

우리는 첫 강꼬빌딩을 사기 위해 부담과 두려움을 이겨내며 적지 않은 대출을 받거나 전세 세입자를 들입니다. 그렇게 첫 건물을 사고 난 다음에는 부담과 두려움을 없애기 위해 대출을 갚거나 전세를 월세로 전환하기 위해 종잣돈을 모읍니다. 수 억에서 수십 억 원의 대출을 갚기 위해 매달 몇 백만 원의 종잣돈을 모으며 조금씩 부담을 줄여나가는 것이지요.

건물을 하나 더 사려는 사람 역시 매달 종잣돈을 모읍니다. 그러나 첫 강꼬빌딩을 살 때 한 행동을 그대로 합니다. 즉 건물을 알아보고 필요한 자금을 확인하며 본인이 소유한 건물에서 추가 대출이 얼마나 가능한지 알아봅니다. 물론 단기간에 본인 소유의 강꼬빌딩에서 대출이 더 나오지는 않지만, 시간이 지남에 따라 시세가 올라 대출금액이 늘어납니다. 그사이에 눈여겨본 건물의 기존 대출에 추가 대출이 가능한지도 확인합니다. 그리고 본인이 모은 종

잿돈과 본인 강꼬빌딩의 추가 대출 그리고 눈여겨본 건물의 대출로 해당 건물을 살 수 있다는 계산이 나오면 두 번째 강꼬빌딩을 사는 것이죠.

물론 전체 대출의 이자를 두 건물에서 얻는 월세 및 본인의 수입으로 충분히 감당할 수 있다는 계산이 깔려 있어야 합니다. 무턱대고 감당도 안 되는 대출을 받아 건물을 사는 것은 위험한 일입니다.

이런 식으로 몇 년이 지나 또다시 반복하면 강꼬빌딩이 하나 더 늘어납니다. 사실 강꼬빌딩을 하나 사고 나면 사람의 심리가 지금까지 불안과 부담감을 느꼈으니 안전지대로 들어가고 싶어집니다. 즉 대출을 다 갚고 월세를 받으며 마음 편하게 사는 것을 원하게 마련입니다. 주변에서도 부러운 시선을 보내니 그 정도 선에서 만족할 수도 있습니다. 그런데 더 많은 부를 이루고 더 많은 월세 소득을 원한다면 처음 했던 방법과 과정을 다시 한 번 겪어야 합니다.

마치 운동을 하며 몸이 좋아지려면 중량을 점점 늘려가야 하듯이 말이죠. 처음 10킬로그램을 들 때는 많이 힘들었지만, 10킬로그램이 익숙해지면 12~13킬로그램으로 무게를 늘려서 처음에 힘들었던 것과 같은 과정을 겪어야 몸이 성장합니다. 부동산 재테크도 마찬가지입니다.

물론 강꼬빌딩을 하나 사고 나면 무조건 두세 개로 늘려가야 한다는 말은 아닙니다. 자신이 원하는 목표에 따라 결정하면 됩니다.

13

신축 시 분쟁 해결법

🏢 민원과 소송에 어떻게 대처해야 할까

신축 공사를 할 때 주변에서 민원이 들어오거나 임대 기간이 끝나지 않은 임차인 명도를 진행할 때 주로 협상이 필요합니다. 협상은 늘 '돈'으로 귀결되지만 그렇다고 처음부터 돈으로 해결하려 들면 감정싸움으로 번질 수 있습니다. 시끄럽다고 하는 사람, 통행에 방해가 된다는 사람, 먼지가 날린다는 사람, 공사장 진동 때문에 본인 건물이 피해를 보았다는 사람 등 수많은 민원이 있지만 일단 상대방이 겪고 있는 불편에 대해 충분히 들어주고 그 문제를 해결하기 위해 적극적으로 노력하는 자세가 필요합니다.

시끄럽다는 민원에는 차음벽을 더 설치하거나 통행에 방해가 된다는 사람을 위해서는 공사 차량의 주차나 건설 자재의 위치를 통행에 방해되지 않게 옮깁니다. 먼지가 날린다는 민원에는 공사 중간 중간 물을 뿌리며 진행하는 등 일단은 민원인의 불편함을 해소하려고 노력해야 합니다.

그러한 조치로 해결이 된다면 다행이지만 그렇지 못할 때도 있습니다. 불편함을 없애기 위해 노력함에도 불구하고 지속적인 민원을 제기하는 사람의 경우 나중에는 진정으로 원하는 바를 이야기합니다. "여름인데 문을 못 여니 에어컨 전기료를 달라" "내 건물 주차장 바닥을 새것으로 시공해달라" "담을 새로 쌓아달라" "공사 기간에 주차를 다른 곳에 할 수 있도록 주차비를 내달라" "내 건물의 보수를 해달라" 같은 현실적인 요구를 합니다.

이제 민원인이 원하는 바와 건물주가 해줄 수 있는 부분 사이에서 협의하면 민원은 해결됩니다. 예를 들어 전기료, 주차비, 담을 쌓는 비용처럼 큰 액수가 들지 않는 요구는 들어주면 됩니다. 건물 보수나 수리는 비용이 많이 나오므로 협의를 해본 후 민원인의 요구를 최대한 들어주면 됩니다.

이렇게 했음에도 불구하고 무리한 요구를 하거나 막무가내로 공사를 방해하면 어떻게 해야 할까요? 저는 지금까지 25채가 넘는 건물을 지으며 민원으로 인한 소송을 세 번 해봤습니다.

제가 군대를 다녀온 무렵의 일입니다. 저희 집이 삼성동에서 논현동의 작은 집으로 이사하고 삼성동의 아파트를 판 자금과 여유자금을 합쳐 역삼동 코너의 오래된 구옥을 사서 건물로 신축 공사를 하고 있었습니다. 건물이라는 것을 직접 접하게 된 것이 그때가 처음이었습니다.

공사장에 가보니 터파기를 하고 있었고, 여러 명의 인부가 일하고 있었습니다. 철근이 쌓여 있고 공사 장비가 들락날락했습니다. 여름 장마를 맞아 터를 파놓은 곳에 물이 고여 저수지처럼 변해서 며칠 동안 펌프로 물을 빼내기도 했습니다. 그런데 지하 공사가 끝나고 1층 기둥을 세울 때쯤, 바로 옆 건물에서 민원을 제기해 공사금지가처분이 내려졌습니다.

우리 공사로 인해 옆 건물 지하에 물이 샌다는 것이었습니다. 저희는 옆 건물 주인을 만나 합의할 생각에 수차례 찾아갔지만, 만날 수가 없었습니다. 그는 자신의 건물 2층에서 식당을 운영했는데 자취를 감추고 만나주지를 않았습니다. 그렇게 한 달이 지나도 도무지 만날 수 없어서 내용증명을 발송했습니다. 그런데 내용증명마저 번번이 돌아왔습니다. 공사가 중단된 지 두 달이 훌쩍 지나가고 있었고, 건물을 짓기 위해 대출한 금액의 이자는 매달 나가고 있었습니다.

더는 기다릴 수 없어 소송을 진행했습니다. 누구나 그렇듯이 유능하다는 변호사를 찾았고, 그 변호사는 긍정적으로 이야기를 하며 되도록 빠른 시간에 좋은 결과를 만들어보겠다고 말했습니다. 하지만 소송을 해본 사람이라면 알겠지만, 기본이 6개월입니다. 그것도 잘해야 6개월이지, 1년이 넘어가는 일도 흔합니다.

옆 건물 주인은 법원에서 보내는 모든 서류를 받지 않고 반송시키며 시간을 최대한 끌었고, 그만큼 저희의 마음은 타들어갔습니다. 첫 재판이 열리기까지는 오랜 시간이 걸렸습니다. 두 번째와 세 번째 재판이 열리는 데는 훨씬 더 오랜 시간이 걸렸습니다.

그러면서 알게 된 것은 옆 건물 지하는 우리가 공사하기 전부터 새고 있었다는 사실이었습니다. 지하에 물이 새서 동네 설비업자를 불러 고쳤지만 매년 다시 새고 고치고를 반복한 것입니다. 또 한 가지 더 알게 된 점은 그는 계획적으로 이번 일을 준비했다는 것입니다. 재판을 거듭하며 우리는 옆 건물을 고쳤다는 설비업자를 만나 이야기를 들었고, 설비업자는 그 건물이 원래 물이 새고 있었다고 증언해주기로 했습니다.

그런데 며칠이 지나자 설비업자는 증언을 못 해주겠다고 말을 바꿨습니다. 1년이 훌쩍 넘게 이어진 재판은 결국 합의하는 쪽으로 결론이 났고 우리가 의뢰한 안전진단에서 나온 피해 금액과 상대방이 의뢰한 안전진단에서 나온 금액의 중간 금액으로 합의를 했습니다. 합의 금액은 1억 원이 훌쩍 넘었고 공사를 하지 못한 손해까지 합하면 훨씬 더 큰 피해를 봤습니다.

그 건물주는 건물을 2개 더 갖고 있었는데, 그 건물들 옆에 신축을 할 때마다 이런저런 민원을 넣어 합의금을 수억 원씩 받아냈다고 합니다. 이 일을 겪으면서 저는 공사하기 전에 옆집이 어떤 문제가 있는지 꼭 파악해야 하고, 파악한 문제들은 반드시 자료로 남겨둬야 나중에 대처할 수 있다는 것을 알게 됐습니다.

🏢 사진은 최고의 증거

제가 경험한 두 번째 소송은 근처 건물주의 민원으로 인한 것이었는데, 해당 건물은 저희 현장과 70미터 정도 떨어져 있었습니다. 바로 옆 건물도 아니고 그 정도 위치에서 민원을 넣는 경우는 극히 드문데요. 내용을 들어보니 공사 차량이 지나다니며 본인 건물 주차장을 침범했고, 그로 인해 주차장 지반이 내려앉았으니 수리비로 3,000만 원 넘는 금액을 달라는 것이었습니다.

이런 경우에는 어떻게 해야 할까요? 이런 민원은 늘 있을 수 있는 일이므로 미리미리 대비해놓는 것이 민원을 편안하게 해결하는 방법입니다. 그렇다면 어떤 대비가 필요할까요?

소송에 관한 자료

공사 시작 전 바로 옆 건물들의 사진을 찍어놓는다

사진을 찍을 때는 옆 건물들에 하자가 있는지 확인하면서 찍습니다. 벽이나 바닥에 금이 갔다든지, 지반이 내려앉았다든지, 벽이 기울어졌다든지 등 문제 부분을 미리 찍어두지 않으면 향후 공사로 인해 문제가 발생했다고 민원을 넣었을 때 대처하기가 곤란합니다.

옆 건물 외에 인근 건물들의 사진을 찍어놓는다

드물지만 바로 옆이 아닌데도 본인 건물의 하자에 대한 수리비를 요구할 때가 있습니다. 인근 건물의 기준은 공사 차량이 드나드는 길목에 있는 건물입니다. 인근 건물도 문제 부분이 있는지 확인하고 사진을 찍어놓습니다.

주차장 지반이 내려앉았다고 민원을 제기한 분의 건물에 이미 침하가 있었다는 것을 저는 알고 있었고 그 당시 사진을 찍어둔 상태였습니다. 해당 건물주와 내용증명이 오갔고 저는 원래 침하가 있었다고 했지만 그 건물주는 막무가내였고 소송을 걸었습니다. 사진 덕분에 소송은 저의 승소로 끝났습니다. 미리 사진을 찍어두지 않았다면 속절없이 수리비용을 물어줘야 했을지도 모릅니다.

모든 문제는 발생하고 나서 해결하려고 하면 이미 때가 늦습니다. 건축하기 전에 인근 건물의 하자에 대해 해당 건물주보다 더 정확하고 확실하게 파악하고 사진으로 남겨둬야 향후 일어날 수 있는 법적 다툼을 방지할 수 있고, 소송하게 돼도 유리한 결과를 얻을 수 있습니다.

그리고 저의 세 번째 소송은 지금 한창 진행 중입니다. 아직 진행 중인 사안이라 상세한 내용을 알려드리기는 곤란한 부분이 있습니다.

사실 민원 해결은 소송으로 가지 않고 협상으로 최대한 해결하는 것이 가장 좋습니다. 하지만 터무니없는 요구를 하거나 황당한 금액을 요구할 때는 결국 소송을 할 수밖에 없습니다. 공사를 진행하다 보면 그런 일이 언제 어디서 일어날지 미리 알 수가 없습니다. 그러므로 공사 전에는 늘 주변 상황을 최대한 확인하고 자료로 남겨두는 것이 중요합니다.

실내 인테리어 트렌드 파악하는 법

4년 전쯤 건축업을 하는 사장님과 만나 이야기를 한 적이 있습니다. 그분은 1~2인 가구를 위한 소규모 주택, 즉 다세대주택이나 오피스텔 등을 짓는 분이었습니다. 그분이 짓는 건물은 대부분 도심에 있고 20~30대 세입자를 위해 지어지는 소형 주택이었습니다.

그분과의 대화 중에 제가 당시 한창 관심 있던 이케아 이야기가 나왔습니다. 1인 가구를 위한 건물을 짓는 분인 만큼 이케아 제품이 도움이 될 것 같았습니다. "이케아에 예쁜 게 많던데요. 샘플하우스도 예쁘고요"라고 하니, 그분은 "가보니까 쓸 만한 게 하나도 없던걸. 다 싸구려 같고"라고 했습니다.

돌아오면서 생각해보니 아마도 60대인 그분의 시선에서 이케아를 봤기 때문에 마음에 들지 않았던 게 아닐까 싶었습니다. 나중에 다시 만났을 때 그분은 자기는 이케아가 좋은 줄 모르겠는데 20대인 딸은 마음에 들어 한다고 했습니다.

1~2인 가구를 위한 집이라면 누구의 취향에 맞춰 건물을 고르거나 꾸며야 할까요? 강남의 수익형 부동산은 철저하게 20~30대를 위한 여건을 갖춰야 합니다. 강남의 1인 가구는 직장 근처에 거주하기 원하는 20~30대가 대부분입

니다. 물론 40~50대 중에도 직장 근처에 거주하기 원하는 싱글족이 있지만, 비율은 낮은 편입니다. 연령이 높아질수록 결혼해서 다인 가구를 이루고 그렇게 되면 월세보다는 전세나 매매로 거주하며, 자산이 적은 경우 외곽지역으로 이사를 나가는 경향이 있습니다.

어떤 물건이든 최종 사용자가 쉽고 편안하게 사용할 수 있고 좋아하게 만들어야 합니다. 그래야 다른 비슷한 것들과 경쟁하지 않고 비교우위를 점할 수 있습니다. '내가 좋아하면 남들도 좋아하겠지' 하는 함정에 빠지지 말아야 합니다. 심리학에서는 '허위 합의 효과'라고 하는데, 남들도 내 생각과 같을 거라고 착각하는 겁니다. 상대방 입장에서 생각하지 않는 사람들이 흔히 빠지는 오류입니다. 사용하는 사람이 나와 같은 연령대이거나 비슷한 취향이라면 상관없지만 그렇지 않다면 내가 좋아한다고 남들도 좋아하리라는 보장은 없습니다. 그럼에도 대부분은 본인들이 좋아하는 것을 기준으로 상대방에 대해 생각하고 행동합니다.

제가 생각하는 이케아는 20~30대의 싱글족과 신혼부부를 위한 제품을 만드는 회사입니다. 품질이 엄청나게 좋지는 않지만 비교적 적은 예산으로 세련된 가구를 사용할 수 있습니다. 물론 무턱대고 사다 보면 생각지 않게 큰 비용이 들 수도 있고 집에 가져와 직접 조립해야 하는 번거로움도 있습니다. 그럼에도 세련됨을 추구하는 20~30대에게 인기가 있으며, 이제는 단순히 인기를 넘어 트렌드가 됐습니다. 처음에는 이케아가 20~30대가 좋아하는 것을 만들었다면, 이제는 이케아에서 만드는 것을 20~30대가 좋아하게 됐죠. 20~30대가 최종 사용자인 일을 하고 있다면 적어도 1년에 한두 번 이상 이케아 매장을 가보는 것도 트렌드를 파악하는 데 도움이 될 겁니다.

건물에 한 번밖에 가보지 않은 채 중개사의 말만 듣고 덜컥 계약했다가 후회하는 경우가 있습니다. 구체적인 상권과 입지, 내부 인테리어 등을 분석하려면 현장 답사를 반드시 수차례 해야 합니다. 차를 멀찍이 주차해놓고 걸어서 건물 주변을 돌아다녀보고 내부도 여러 번 봐야 장단점을 파악할 수 있습니다. 또한 건축물대장도 반드시 확인해야 합니다. 강꼬빌딩은 입지와 크기, 주변 여건이 모두 달라서 해당 건물마다 따로 분석이 필요합니다. 그래야 나중에 생길지도 모르는 문제 상황을 최대한 피할 수 있습니다.

4

알고 있으면
쓸모 있는 문제 상황

빌딩 잘못 사는 사람들의 공통점

🏢 공사비는 늘 예상을 초과한다 ●●

누구나 물건을 살 때는 정해진 가격보다 싸게 사고 싶어 합니다. 건물을 살 때는 그런 마음이 더 강하게 작용합니다. 건물에는 딱히 정해진 가격이 없기 때문입니다. 정가가 있는 물건은 정가보다 싸게 사면 만족하는데, 건물 가격은 건물주의 마음에 달려 있으니 애초에 제시받은 가격 자체를 잘 신뢰하지 않습니다.

특히 처음 건물을 살 때는 싸게 나왔음에도 무조건 깎으려 하거나 이것저것 너무 따지다가 좋은 매물을 놓치기도 합니다. 물론 강꼬빌딩은 따져보지도 않고 대충 사기에는 금액이 너무 커 막심한 손해를 볼 수 있으므로 신중해야 합니다. 여기서 신중해야 한다는 것은 막연한 의구심이 아니라 정확한 기준과 확실한 정보를 찾아봐야 한다는 말입니다.

3년 전 논현동에 강꼬빌딩을 매입한 지 얼마 안 된 분이 상담을 하러 온 적이 있습니다. 그분의 고민은 수익률이었는데, 해당 강꼬빌딩은 수익률이 낮았는데 지하의 기계실(중앙냉난방용 기계)을 철거하고 임대를 주면 수익률을 높일 수 있다고 했습니다. 어떻게 하면 그렇게 할 수 있는지 궁금했습니다. 현장을 보지 않고 판단하기 어려워 직접 방문해보기로 했습니다.

해당 건물에 가보니 지하에 기계실이 있었지만, 각 층은 개별로 냉난방기기를 갖추고 있어 기계실은 쓸모가 없는 상황이었습니다. 당연히 철거하고 임대를 주면 된다고 생각하고 비용을 알아보다가 깜짝 놀랐습니다. 기계실 철거에 1억 원가량이 든다는 겁니다. 물론 기계실을 철거만 한다고 해서 임대가 나가는 것이 아니라 기본적인 시설(배선, 조명, 콘센트 등)이 필요하고 세입자가 필요로 하는지 여부에 따라 공조기(내부와 외부 공기를 순환시켜주는 기기), 냉난방 시설, 천장을 설치해야 하는 경우도 있습니다.

기계설비를 철거하고 임대하면 수익률을 높일 수 있지만, 철거에 너무 큰 비용이 들고 애당초 지하를 기계실로 만든 것이기에 임대하기에도 애매한 구조였습니다. 철거하기에도 곤란하고 그냥 두기에도 꺼림칙한 계륵(鷄肋) 같은 상황이었죠. 기계설비를 철거하고 임대를 주면 수익률을 높일 수 있다는 것까지만 확인하고 철거비용과 임대를 위한 시설을 설치하는 비용을 알아보지 않은 채 덜컥 구입해버린 결과였습니다.

이와 마찬가지로 리모델링 후 임대할 생각으로 건물을 샀는데 리모델링에 예상 외로 높은 비용이 들 때도 있습니다. 리모델링을 하기 위해 벽을 뜯어보니 골조 보강을 꼭 해야 하는 상황일 때도 있고, 증축*을 하려고 했으나 법적으로 증축이 어렵거나, 외부를 손보고 나니 내부와 어울리지 않아 계획에 없던 내부 수리까지 해야 하는 경우 등 생각지도 못한 변수를 만날 수 있습니다.

대부분의 공사는 처음 예상한 비용보다 10퍼센트 정도 더 드는 경우가 허다합니다. 그 이상 나오기도 하고요. 비용이 더 나오는 이유는 애초에 잘못 판단해서일 수도 있고, 공사를 하면서 생각이 바뀌어 재시공하거나 새로운 것을 추가해서일 수도 있습니다. 특별한 경우를 제외하면 처음 견적보다 30퍼센트 정도 더 나오는 것이 최대입니다.

---

* **증축** 일반적으로, 지어진 건물 옥상에 한 층 혹은 그 이상을 높이는 것을 말하며, 간혹 바닥 면적을 늘릴 때도 있다. 즉 증축은 건물의 높이를 올리거나 몸집을 키우는 것이다.

🏢 매입 전에 꼼꼼히 확인해야 할 것들

건물에 한 번밖에 가보지 않은 채 중개사의 말만 듣고 덜컥 계약했다가 후회하는 사람들도 있습니다. 구체적인 상권과 입지, 내부 인테리어 등을 분석하려면 현장 답사를 반드시 수차례 해야 합니다. 차를 멀찍이 주차해놓고 걸어서 건물을 주변을 돌아다녀보고 내부도 여러 번 봐야 장단점을 파악할 수 있습니다.

또한 건축물대장은 반드시 확인해야 합니다. 건축물대장에는 대지 위치, 지번, 전유 부분과 공용 부분(구분, 층별, 구조, 용도, 면적), 소유자 현황(성명, 주민등록번호, 주소, 소유권 지분), 변동사항(변동 일자, 변동 내용 및 원인), 건축물 현황도, 기타 기재사항, 축척, 도면 작성자 등이 나와 있습니다. 여기서 중요하게 확인해야 할 부분은 면적과 위법사항입니다.

강꼬빌딩 소유자 중에는 본인 건물의 면적을 잘 모르는 사람이 많습니다. 처음 건물을 사거나 지을 때는 알았지만, 시간이 지나면서 잊어버리거나 헷갈리는 경우입니다. 그런데 강꼬빌딩은 작은 면적 차이라도 금액 차이가 크기 때문에 반드시 건축물대장으로 확인해야 합니다. 간혹 등기부등본과 건축물대장에 나온 수치가 다를 수도 있는데, 그럴 때는 건축물대장의 수치가 더 정확하므로 이를 기준으로 삼아야 합니다(땅의 크기 역시 등기부등본과 토지대장의 수치가 다를 때는 토지대장을 기준으로 합니다).

한 가지 더 살펴볼 것이 위법사항인데, 위법사항에는 확장, 용도 변경, 쪼개기 등이 있습니다. 확장은 말 그대로 건물을 다 짓고 사용 승인*을 받고 난 이후에 확장 공사를 한 것이며, 용도 변경은 주거로 승인이 난 것을 사무용으로 쓴다든지 그 반대의 경우입니다. 쪼개기는 대학가에서 자주 있는 일입니다. 1개의 호실로 사용 승인이 난 곳을 여러 호실로 나누는 것입니다.

이 같은 위법사항이 있다면 건축물대장에 '위반 건축물'이라고 표시되며, 원래의 상태로 만들 때까지 매년 이행강제금을 내게 됩니다. 내가 사려는 강꼬빌딩이 위반 건축물이라면 원래의 상태로 되돌릴 수 있는지 혹은 가격을 좀 더 조정할 수 있는지, 이행강제금을 내더라도 해당 강꼬빌딩을 갖고 싶은지 고민해봐야 합니다.

실수를 줄이기 위해서는 건물을 매입하기 전에 모든 사항을 미리 확인해야 합니다. 여기서 '확인한다'는 것은 앞서 말한 '이것저것 너무 따지는 것'과는 다른 개념입니다. 확인은 문제를 해결하거나 수익률을 높이기 위해 해야 할 일들(수리, 리모델링)이 가능한지, 비용은 얼마나 드는지, 법적으로는 문제가 없는지 등을 알아보는 것을

---

* **사용 승인** 신축한 건물이 건축기준법 등에 적합하다는 것을 확인하여 사용을 인정받는 일이다. 자동차로 치면 번호판을 발급받는 것과 비슷하다.

말합니다. 반면 따지는 것은 "건물 입구가 마음에 안 든다" "위치가 별로다" "구조가 문제다" 등 문제 제기만 하고 확인 단계까지 가지 않는 것을 의미합니다. 강꼬빌딩을 사기 전에 예상되는 문제는 무엇이 있는지, 해결책은 있는지 꼼꼼히 확인하는 것이 중요합니다.

주인이 여러 명인 건물을 살 때

🏢 가족이 지분을 나눠 가진 경우 • •

한 건물에 주인이 여럿인 경우가 있습니다. 가족이 지분을 나눠 가진 경우도 있고, 모르는 사람들이 건물의 한 호실씩 소유한 경우도 있습니다. 당연한 말이지만, 주인이 한 명일 때보다 계약 과정이 무척 까다로워 계약이 성사되지 않는 경우가 다반사입니다.

예전에 가족이 지분을 나눠 가진 건물을 산 적이 있습니다. 계약 과정은 그야말로 가시밭길이었습니다. 아버지, 어머니 그리고 자녀 셋까지 다섯 명이 지분을 나눠 갖고 있었고, 자녀들은 결혼해서 따로 살고 있었습니다. 게다가 첫째는 서울, 둘째는 제주도, 셋째는 해외에 거주하고 있었습니다. 계약을 하려면 다섯 명 모두가 계약서를 쓰는 자리에 나오거나 아니면 대리인 위임장과 인감증명서를 보내야 합니다. 계약 내용을 전달하면 다섯 명 모두가 보는 데만 며칠씩 걸리고, 다섯 명이 하나씩만 이의 제기를 해도 다섯 가지의 이의가 생겼습니다. 본인들의 이해관계에 따라 요구하는 것도 제각각이었습니다. 게다가 해당 건물을 팔아서 돈을 나눠 가져야 하므로 다섯 명 모두가 매우 예민하게 반응했습니다.

겨우겨우 계약서 내용을 모두가 이해하고 계약하는 날이 됐습니다. 해외에 있는 막내아들만 빼고 네 명이 중개소에 모였습니다. 이미 계약서 내용을 모두 살펴보고 이해한 상황이었지만 계약 당일 한두 마디씩 하면서 2시간이 훌쩍 넘어갔습니다. 결국 계약은 그날 마무리되지 못했습니다.

이후 조건을 조금 변경해 다시 계약하기로 하고 중개소에 모였습니다. 사실 부동산 계약이라는 것이 미리 조건을 맞췄으면 30분 만에도 끝나는 일인데, 그날은 3시간이 넘어 4시간이 다 지나서야 계약을 할 수 있었습니다. 매수 계약을 수십 번 해봤지만 그런 계약은 처음이었습니다. 그 이후에도 상대방의 소소한 요구와 의심으로 여러 가지 불편함과 어려움을 겪은 기억이 있습니다.

🏢 타인들끼리 지분을 나눠 가진 경우

주인이 네 명인 건물을 사려고 한 적도 있었습니다. 해당 건물은 4개 호실로 이뤄져 있었고, 호실마다 주인이 달랐습니다. 그런데 네 명 중 한 명만 유독 높은 금액을 받아야겠다고 주장하는 상황이었습니다. 나머지 세 명은 건물을 팔고 싶은 마음에 그 한 명의 요구를 인정해주고 저와 계약을 하게 됐습니다.

오전부터 주인 한 명씩을 만나 계약서를 작성하고 마지막으로 그분만 남은 상황이었습니다. 약속한 시각이 다 돼갈 무렵 마지막 그 주인이 부동산으로 오지 않고 전화해서는 금액을 더 올려야겠다고 했습니다. 다른 사람들이 다 계약을 했으니 자기가 안 팔면 계약이 깨지는 상황을 만들어놓고 금액을 더 높여 부른 것입니다. 이미 조건을 다 조율해놓고 계약 당일, 그것도 약속 시각 바로 전에 말을 바꾼 것이었습니다. 결국 그 계약은 수포가 됐고, 저는 해당 건물을 포기했습니다.

앞의 사례는 그나마 가족이어서 계약이 성사됐지만, 후자는 서로 타인인 사람들이 지분을 갖고 있다 보니 계약이 더 어려웠던 겁니다. 타인으로 이뤄지면 계약 후 만날 일이 없으니 개중에는 자신의 이익을 위해서라면 약속 어기는 것을 대수롭지 않게 생각하는 사람도 있는 법이죠. 알고 보니 해당 건물은 그 한 사람으로 인해 계약이 거의 다 됐다가 깨진 경우가 몇 차례 있었다더군요.

논현동에 있는 어떤 건물도 매물로 내놓은 지가 3년이 넘었지만 세 명의 소유주 중 한 명이 계속 높은 가격을 주장해 계약이 안 되고 있다고 합니다. 주인이 여러 명일 때는 모두 의견 일치를 볼 때까지 여유로운 마음으로 기다리는 것이 좋습니다. 내가 서두르는 모습을 보이면 상대방 중 누군가는 반드시 가격을 올리려고 해서 계약이 이뤄지지 않을 수 있기 때문입니다. 안 사도 그만이라는 마음으로 느긋하게 접근해야지, 그러지 않으면 화나는 일도 많을뿐더러 계약도 순조롭게 진행되지 않습니다.

다섯 명도 안 넘는 주인들을 상대하는 것도 이렇게 힘들고 계약하기가 어려운데 수십 명 혹은 수백 명이라면 어떨까요? 저라면 그런 상황은 애초에 거들떠보지도 않을 것이며 아무리 좋은 부동산이라고 해도 눈길조차 주지 않을 겁니다. 물론 저뿐만 아니라 대부분 사람들이 그런 부동산은 사려 하지 않겠지요. 그래서 기획부동산을 통해 땅을 사서 수십 명 혹은 수백 명이 지분을 나눠 가진 물건은 거래되기가 극히 어렵고 재산권 행사를 하기가 불가능에 가깝습니다.

03

결정은 신중하게,
알아보는 것은 신속하게

🏢 신중함과 느긋함은 다르다 ● ●

꼬마빌딩을 사는 일은 보통 사람에게는 평생에 한 번 있을까 말까 한 일입니다. 그리고 자신이 가진 자금을 전부 투자해야 하는 일인 만큼 신중하게 진행해야 하는 것은 두말할 나위가 없습니다. 그런 데 꼬마빌딩을 살 때 과도한 신중함이 오히려 손해를 불러오기도 합니다.

자동차, 가방, 신발, 옷 등을 살 때는 과도하게 신중해도 손해를 보는 일이 거의 없습니다. 자동차와 가방은 시간을 두고 여러 곳의 가격과 서비스를 비교한 후 가격이 가장 낮고 서비스가 제일 좋은 곳에서 사면 됩니다. 즉 시간을 두고 고민한다고 해도 손해날 게 없으며, 오히려 더 싸게 사는 방법을 찾을 수도 있습니다.

하지만 부동산은 다릅니다. 신중한 자세도 좋지만 너무 오래 알아보기만 하면 가격이 오를 수 있습니다. 처음에 본 30억 원짜리 건물이 그리 마음에 들지 않아 장기간 매물을 찾다 보니 더 좋은 건물이 나오기는커녕 점점 더 안 좋은 건물만 보게 됩니다. 차라리 처음에 본 물건을 사야겠다고 생각하고 확인해보면 30억 원이 아니라 33억 원이 돼 있습니다. 그러면 '30억 원이면 살 텐데 33억 원은 너무 비싸다'라고 생각하게 되고, 다시 또 살까 말까를 망설이다가 그 건물이 팔리거나 시기를 놓쳐 가격이 더 오르기도 합니다.

이런 일을 한 번 겪으면 처음에 본 30억 원짜리 건물이 기준이 되고 그 건물과 비슷한 여건이나 가격을 찾는 데 몰두하게 됩니다. 하지만 이미 버스는 지나가버렸고, 그 건물과 비슷한 여건의 건물은 찾을 수가 없습니다. 첫사랑을 못 잊어 첫사랑과 같은 사람만 찾는 상황이라고나 할까요.

신중해야 한다는 것은 시간을 오래 끌라는 말이 아닙니다. 흔히 신중하다고 하면 오랜 시간 생각하는 것을 떠올립니다. 그러다 보니 일생일대의 선택은 마치 오랜 시간 알아보고 고민해야 하는 것으로 생각합니다. 그런데 시간을 길게 잡다 보니 알아보는 것도 느긋하게 알아보는 사람이 많습니다. 일생에 한 번 하는 중요한 선택임에도 불구하고 본인 일과와 여가 시간까지 다 쓰고 나서 남는 시간에 알아보는 것이죠. 한 달이면 알아볼 수 있는 것을 석 달 넘게 알아보며 시간을 흘려보냅니다.

갖고 싶어 하는 자동차나 가방을 살 때는 집중적으로 알아보는 데 반해 이상하게도 부동산에서는 신중함이라는 이름 아래 시간을 길게 잡고 느긋하게 알아보는 사람이 많습니다. 그러다 보니 처음에 본 건물의 가격이 올라 이러지도 저러지도 못하는 경험을 하게 됩니다.

꼬마빌딩을 사는 과정은 공부하고 시험을 보는 과정과 비슷합니다. 시험 일정이 정해지면 그 기간에는 집중적으로 공부해야 시험을 잘 치를 수 있습니다. 꼬마빌딩을 사는 과정 역시 집중해서 최대한 많은 정보를 짧은 시간에 알아봐야 합니다. 그렇게 해야만 의사결정을 할 수 있는 기준과 판단력이 생깁니다.

04

신흥 상권의 꼬마빌딩을 살 때

🏢 인기 있는 지역은 언제까지 인기 있을까　　　　● ●

몇 년 전부터 '~길'로 떠오른 신흥 상권을 보면, 유동인구가 생기고 매스컴에 소개되면서 사람들이 엄청나게 모인다는 특징이 있습니다. 특색 있는 식당과 카페가 생겨 장사가 잘되기도 합니다. 이런 지역에 꼬마빌딩을 사려면 어떻게 해야 할까요?

우선 어떤 목적으로 사느냐에 따라 괜찮은 선택일 수도 있고 아닐 수도 있습니다. 괜찮은 경우는 해당 상권이 뜨기 시작할 때 사서 단기간에 시세차익을 보고 파는 겁니다. 하지만 월세를 받으며 장기적으로 보유할 목적이라면 피하는 것이 낫다고 생각합니다. 해당 지역의 특색으로 생긴 인구 유입은 그 특색이 익숙한 것이 돼버리면 더 이상 이어지기 어렵기 때문입니다. 마치 새로운 놀이기구가 들어오지 않는 놀이공원처럼 처음에는 사람들이 모이더라도 놀이기구가 식상해지면 더는 모여들지 않는 것과 같습니다.

인구 유입이 꾸준히 이어지려면 지역 특색이 아닌 학교, 직장과 같이 강제성을 갖는 요소가 있어야 합니다. 강제성을 갖는 요소 없이 지역 특색으로만 인구 유입이 이뤄지는 지역은 주식으로 치면 테마주와 같습니다. 단기간에는 인기가 높지만 인기가 길게 이어지지 못하는 경우가 허다합니다.

지역적인 특색으로 단기간에 인구가 급격히 유입되는 지역은 그 시기에 부동산의 가격이 높아집니다. 월세도 함께 상승합니다. 한 번 올라간 월세는 떨어지기 힘들며, 높아진 월세로 인해 기존 세입자들은 버티기가 어려워집니다. 지역 특색은 그곳이 애초에 가진 여건(가로수, 공원, 한옥, 동네 분위기)도 있지만 아기자기하고 예쁜 가게들이 한몫하는데, 월세가 높아짐에 따라 그런 가게들이 빠져나가고 어딜 가나 볼 수 있는 유명 프랜차이즈, 대기업의 안테나숍(상품 판매 동향을 탐지하기 위해 메이커나 도매상이 직영하는 소매점포)이 들어와 점점 특색 없는 곳이 돼버립니다. 이를 젠트리피케이션이라고 하죠.

유명 프랜차이즈나 안테나숍이 입점한 건물은 가격과 월세를 어느 정도 유지할 수 있지만, 그 외의 건물은 가격과 월세를 유지하기 힘들어집니다. 꼬마빌딩은 시세차익과 월세를 모두 얻을 수 있는 복합수익형 부동산인데, 이런 지역에 시세차익을 얻기 위해 투자했다가 타이밍을 놓치면 이익을 얻기가 어려워집니다. 물론 모든 신흥 상권이 이런 상황을 겪는 것은 아니지만, 신흥 상권의 꼬마빌딩을 살 때는 신중해야 합니다.

05

강꼬빌딩을 새로 짓고 소유하기까지

🏢 여러 단계를 거쳐야 하는 꼬마빌딩 신축

사실 건물 구입은 돈만 있다고 해서 되는 일은 아닙니다. 돈뿐만 아니라 그 시기에 맞는 정보나 이끌어주는 누군가가 있으면 금상첨화입니다. 하지만 돈이 있고 정보가 있으며 멘토도 있다 해도 자신이 결정하지 못하면 아무 소용이 없죠. 올라가는 부동산 가격을 보며 '그때 살걸……' 하고 아쉬워하게 됩니다.

망설이다가 시기를 놓치고 그렇게 시간은 흘러갑니다. 10억 원 하던 건물이 20억 원이 되고, 20억 원 하던 건물은 40억 원이 됐습니다. 그에 반해 내가 가진 자금은 그때나 지금이나 별 차이가 없습니다. 돈이 좀 있다는 사람들이 아주 많이 겪는 과정입니다.

마음에 쏙 드는 건물은 찾기 힘들다는 것을 머리로는 알지만, 막상 건물을 보러 다니면 완벽한 건물을 찾게 되기 마련입니다. 위치가 마음에 안 들고, 외관이 아쉽고, 수익률이 낮고……. 이 세 가지를 다 가진 건물이 있다면 얼마나 좋겠습니까. 하지만 그런 건물은 절대 없습니다. 무엇이든 선택할 때는 기준이 있어야 하며, 그 기준에 우선순위가 있어야 결정을 내리기 수월합니다.

2017년에 40대 초반의 전문직 남성을 상담한 적이 있습니다. 월소득이 1,000만 원 이상이었고, 아내도 일을 하고 있었으며, 서초구의 아파트 한 채와 여유자금 2억 원이 있었습니다. 그는 고정적인 월세와 양도차익 실현이 가능한 부동산을 원했고 상담 끝에 강꼬빌딩을 갖는 것이 좋겠다고 판단했습니다.

함께 여러 건물을 물색하던 중에 논현동의 아주 위치 좋은 건물이 매물로 나왔습니다. 사실 몇 달 전에도 나온 매물이었는데요. 가격을 조율하던 중 반지하에 불이 나 집을 수리하고 나자 건물주가 변심해서 안 팔기로 했다가 다시 매물로 내놓은 상태였습니다.

지은 지 20년 정도 된 이 건물은 반지하부터 지상 3층까지 주인 세대를 포함해 10개 호실로 이루어져 있었습니다. 대지 면적이 60평이 넘었고 무엇보다 도로와 맞닿은 땅 모양이 긴 직사각형이었습니다. 도로와 맞닿은 부분이 긴 직사각형인 땅이나 건물이 좋은 이유는, 상가를 짓든 주택을 짓든 눈에 잘 띄고 접근성이 좋기 때문입니다. 그다음으로 주차 대수를 더 많이 확보할 수 있고 주차하기가 편리합니다. 도로에 세로로 접한 땅보다 가로로 접한 땅이 더 많은 주차 대수가 가능한데, 2중 주차 제한과 통로 확보 때문입니다. 물론 이는 꼬마빌딩에 적용되는 조건이며 빌딩 규모가 커지면 또 달라질 수 있습니다.

이 건물은 신축하기에 최적의 조건을 갖추고 있었습니다. 단순히 위치만 보고 감으로 판단한 게 아니라 이전에 매물로 나왔을 때 설계해본 결과 대지 면적에 비해 주차 대수나 세대수가 많이 나오는 것을 확인했기 때문입니다. 도로에 접한 면이 넓은 직사각형 땅이어서 가능했는데, 이처럼 같은 크기의 땅이어도 모양에 따라 주차 대수나 세대수에서 차이가 납니다. 이왕이면 주차를 많이 할 수 있고 세대수가 많은 것이 수익률에 도움이 됩니다.

대출과 전세를 활용하면 건물 규모에 비해 비교적 적은 금액으로 건물을 살 수 있을 것 같았습니다. 예를 들어 30억 원짜리 건물을 산다고 가정했을 때 필요한 자금은 건물마다 차이가 납니다. 대출이 얼마나 되는지, 주거형 건물의 경우 전세가 몇 세대 있는지에 따라 달라집니다. 건물의 가격에서 대출금액과 전세금액을 뺀 나머지 금액이 건물 매입에 필요한 금액입니다. 전세 세입자가 있는 아파트를 사는 과정과 비슷합니다. 10억 원 하는 아파트에 전세 6억 원의 세입자가 살고 있다면 4억 원(+세금)으로 살 수 있습니다.

그가 가진 현금과 서초에 있는 아파트를 팔면 10억 원대의 자금을 마련할 수 있었습니다. 하지만 해당 건물을 사서 신축하기 위해서는 대출을 적극적으로 활용한다 해도 훨씬 많은 자금이 필요했습니다. 기존 세입자를 내보내는 명도 과정에 들어가는 시간과 비용, 철거와 공사 비용을 포함해 세입자 입주 전까지 월세 수입 없이 은행 이자를 감당해야 하기 때문입니다. 이런 과정을 거쳐야 건물을 소유할 수 있는데, 지금 상태로는 수익률이 낮고 신축을 하자니 자금이 부족한 것이 문제였습니다. 강꼬빌딩을 꼭 소유하고 싶어 하는 그를 위해 자금을 비롯해 명도, 설계, 신축 공사, 민원 처리, 세입자 입주 등 전 과정을 함께하기로 했습니다. 당시 강남에서만 10채 이상을 신축해본 경험이 있었고, 신축을 위해 세입자를 내보내는 일로 산전수전 다 겪어봤기에 도움을 줄 수 있으리라 생각했습니다.

🏢 신축 단계 ● ○

건물을 매입한 후 신축하고 소유하기까지의 과정은 다음과 같습니다.

설계

설계는 해당 부지의 용적률과 건폐율에 맞게 건축물의 크기, 층수, 구조를 계획하는 것입니다. 설계를 해보면 기본적으로 건물의 층수, 층별 면적, 주차 대수, 내부 구조, 주거용 건물일 경우 세대수 등을 알 수 있습니다.

그런데 꼭 확인해야 할 점이 있습니다. 과연 설계한 대로 건축물을 지을 수 있는가입니다. 간혹 땅의 일부를 도로로 내줘야 하는 등 정해진 용적률이나 건폐율을 전부 활용하지 못할 때가 있습니다.

수익률과 임대 안정성을 위해 어떤 구조로 할지도 고민해야 합니다. 세입자 관점에서 어떤 구조가 좋을지 충분히 생각하고 알아본 후 설계에 반영합니다. 주차장 조명, 입구 바닥 대리석 및 벽 타일, 계단실 및 복도의 조명, 신발장, 시스템 행거, 거실 조명, 화장실 조명, 주방 선반 등 세세한 부분까지 신경 써야 합니다.

건축 허가

시공 전에는 반드시 건축 허가를 받아야 합니다. 자동차를 운행하기 위해서는 번호판을 발급받아야 하는 것과 같습니다. 건축 허가를 받으려면 관련 서류와 설계 도면을 지방자치단체에 제출해야 합니다. 건축 허가가 한 번에 나올 때도 있지만, 설계를 수정하거나 추가 자료를 제출해야 할 때도 있습니다.

명도

명도는 건물을 매입한 이후가 아닌 건물 계약과 동시에 시작해야 합니다. 그리고 명도는 매도인이 할 때도 있고 매수인이 할 때도 있습니다. 또한 명도 과정은 매우 힘들고 비용이 많이 들기 때문에 매도인이나 매수인 누구도 흔쾌히 자처하는 일이 없습니다. 법적으로 누가 해야 한다고 정해져 있지도 않습니다. 즉 명도는 매도인과 매수인의 협의에 따라 정해지는데, 그 협의는 매매 가격이 높으면 매도인이, 낮은 편이면 매수인이 할 때가 많습니다. 물론 가격과 상관없이 매수인에게 명도하라는 매도인도 있지만 그런 경우는 매매가 잘 이뤄지지 않습니다.

이번 경우는 저희가 직접 명도를 진행했는데, 10세대 중 1세대는 집주인이기 때문에 이사 날짜가 정해졌고 문제는 나머지 9세대였습니다. 9세대 중에는 임대 계약 만기가 얼마 안 남은 세대도 있었지만 기간이 한참 남은 세대도 있었습니다. 물론 월세도 있고 전세도 있었습니다. 만약에 9세대를 내보내도 마지막 1세대를 내보내지 못하면 공사를 시작하지 못하므로 사실 강단이 없으면 명도를 전제

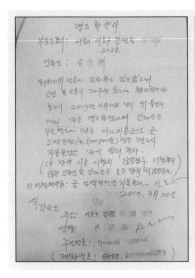
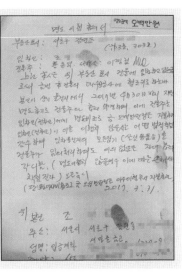

명도 이행을 위해 작성한 자필 합의서

로 건물을 매입할 생각을 하기 어렵습니다.

무슨 영화에서 보듯이 세입자를 억지로 혹은 강제로 내보내는 것은 상상도 할 수 없는 일이며 오직 협상과 조율을 통해서만 명도할수 있습니다. 물론 협상이나 조율이 잘 안 되면 세입자와 분쟁이 생기고 그러다 보면 결국 법으로 해결하는 수밖에 없습니다. 그렇게되면 양쪽 모두에게 시간과 자금상의 손해가 생깁니다. 대표적인예로 가수 리쌍이 가진 가로수길 건물에서 요식업을 운영하던 세입자와의 협상 결렬 사례가 있습니다.

저는 과연 주인 세대를 뺀 9세대의 명도를 어떻게 진행했을까요?일단 명도에 들어갈 비용을 대략 잡는데, 이때 객관적 기준보다 조금 너 넉넉하게 정해둡니다. 만기가 돼 나가는 세입자는 괜찮지만, 만기가 한참 남은 세입자에게는 이사비용과 미리 이사해서 불편을 겪게 한 점에 대한 미안함과 고마움의 표시로 금액을 정하고 그 안에서 협상을 합니다. 협상할 때는 자존심 싸움으로 번지지 않도록 양해를 구하고 이후에 금전적 보상으로 접근합니다.

임대 기간 만료가 얼마 남지 않은 세입자를 가장 먼저 내보내는데, 이사비용과 집을 구할 때 필요한 중개수수료를 제시하면 비교적 쉽게 명도가 이뤄집니다. 합의가 이루어지면 최대한 가까운 시일로 이사 날짜를 잡습니다.

철거 후 착공

명도를 마무리하고 나면 철거를 시작하는데, 이 과정에서 민원이 많이 발생합니다. 여름이라 창문을 열고 싶어도 철거로 인한 먼지 때문에 문을 못 열어 에어컨을 틀어야 하니 전기요금 몇 달치를 내달라는 사람도 있었고, 소음이 시끄러우니 자신이 출근한 뒤에 공사하라는 사람도 있었습니다. 밤에 일하고 낮에 잠을 자야 한다며 공사하지 말라고 칼을 들고 와서 협박하는 사람, 철거하는 앞길을 지나다 길이 팬 부분에 넘어져서 휴대전화가 깨졌으니 병원비와 휴대전화 살 돈을 달라는 사람, 공사 차량 때문에 배달 다니기가 힘들다고 차로 길을 막고 500만 원을 달라는 사람, 공사 진동 때문에 건물에 문제가 생겼으니 본인 건물 전체를 수리해달라는 사람 등 상상을 초월하는 민원이 있었습니다.

민원이 발생하면 문제를 해결하기보다 지레 겁을 먹기도 하고, 자존심 싸움으로 번져 경제적인 손실을 감수하고 법적으로 해결하기도 합니다. 무엇이든 법으로 가기 전에 협상과 조율로 해결하는 것이 가장 좋은 방법입니다. 당장은 좀 억울하고 손해 보는 것 같지만 법으로 해결하면 훨씬 더 억울하고 금전적으로도 큰 손해를 보게 됩니다. 그리고 공사가 진행될 때는 설계한 대로 짓는 것이 실제로도 활용도가 높은지, 잘 어울리는지를 잘 살펴야 합니다. 설계할 때는 창이 없었지만 시공하다 보니 창을 내는 것이 더 나은 경우도 있고, 그 반대인 경우도 있습니다. 컴퓨터 그래픽으로 예상했던 도배 및 페인트의 색상을 테스트 시공해보니 전혀 다른 느낌이 나서 변경해야 하는 경우도 있고, 애초에 생각했던 자재의 재고가 없거나 생산이 되지 않아 다른 자재로 바꿔야 할 때도 있습니다.

신축 공사 과정

신축 공사 과정을 간략히 설명하면 '철거-터파기-기초바닥 매트 시공-골조공사-섀시 시공-외부 마감-내부 마감-잔손보기'의 순서

〈더 케어〉 신축 공사 과정

철거 전 구옥

철거

터파기

골조 공사

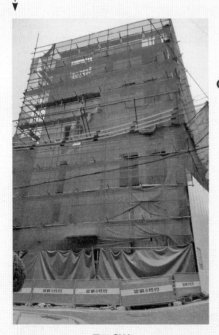

골조 완성

내부 공사 1

내부 공사 2

외부 완성

로 진행됩니다. 기초바닥 매트는 건축물이 세워질 바닥 면적에 지지판을 만드는 것입니다. 그 이후에는 기둥과 벽을 세우고 한 층씩 올리는 과정이 반복됩니다. 골조가 완성되고 나면 섀시(창틀)를 시공하고 이후 외벽 공사를 한 다음 내부 공사를 합니다.

공사의 전 과정이 모두 중요하지만 그중에서도 골조 공사가 중요합니다. 골조 공사는 뼈대만 세우는 것 같지만 골조 사이사이로 배선과 배관이 시공되며, 골조가 잘못되면 누수 확률도 높습니다. 그렇기 때문에 골조를 완성한 후 옥상에 며칠 동안 물을 채워두고 누수가 있는지 없는지 테스트를 하기도 합니다.

섀시를 시공할 때는 섀시와 골조 사이의 틈을 빈틈없이 메워야 누수나 결로가 생기지 않습니다. 그리고 섀시와 골조 사이의 틈을 제대로 메웠는지는 시공 당시에만 확인할 수 있고 내부 마감을 하고 나서는 알 수가 없습니다. 즉 이후에 문제가 생기면 원인을 찾기가 어렵습니다.

다음으로 외부와 내부 마감을 하게 되는데, 공사를 처음 해보는 사람은 눈에 보이는 마감에만 신경 쓰는 경우가 많으나 건물은 골조와 구조가 중요합니다.

이 같은 공사의 전 과정에 신경 쓰지 않고 설계사나 건축회사에 전적으로 맡기는 경우도 많습니다. 그런 건물은 임대 시장에서 고만고만한 건물과 늘 경쟁해야 하는 상황에 놓입니다.

세입자 구하기

마침내 건물이 지어졌고 세입자를 구하게 됐습니다. 총 18세대 중 10세대는 전세, 8세대는 월세로 임대했습니다. 모든 세대가 임대를 완료한 뒤 본인 자금 12억 원과 대출금 19억 2,000만 원, 그리고 임대 보증금을 통해 해당 건물을 소유하게 됐으며, 당시 대출이자는 월 490만 원이었습니다. 월세는 월세 보장형 임대관리회사를 통해 매달 공실과 연체 걱정 없이 편안하게 870만 원을 받습니다. 870만 원의 월세를 받아 이자 490만 원을 내니 월 수익은 380만 원입니다. 소유주는 처음에 돈을 모아서 전세 세대를 월세로 바꿔 모든 세대에서 월세 받는 것을 목표로 했지만, 지금은 돈을 모아 건물 하나를 더 사고 싶어졌다고 합니다.

이렇게 그는 강남에 아파트 1채를 살 수 있는 자금으로 강꼬빌딩을 소유하게 됐고 월세와 시세 상승 모두를 얻었습니다. 만약 건물 하나를 더 사게 된다면 본인의 목표인 월세 소득 1,000만 원으로 경제적 자유를 이룰 수 있게 될 겁니다.

🏢 안정적인 소득과 자산가치 상승 가능

또 한 가지 사례를 들어보겠습니다. 40대 후반의 대기업 팀장으로 일하던 남성이 공무원인 아내와 함께 찾아왔습니다. 그는 내내 서울에서 근무하다가 지방으로 발령이 나고 심지어 퇴사 압력까지 받고 있어 정신적으로 힘든 시간을 보내고 있었습니다. 종잣돈이 있긴 했지만 그 돈으로 충분한 현금흐름을 만들기에는 역부족이어서 저를 찾아온 것이었습니다.

그는 자신의 상황과 생각 그리고 원하는 바를 일사천리로 이야기했는데, 옆에서 듣던 아내는 갈수록 얼굴이 굳어졌습니다. 그 부부는 상담을 끝내고 월세를 받고 있는 여러 건물을 둘러보러 갔습니다.

며칠 뒤 부부는 다시 찾아왔고, 아내가 첫 상담에서 마음이 불편했던 이유를 들려줬습니다. 남편이 온갖 걱정거리를 털어놓자 불안해졌고, 강남에 꼬마빌딩을 사고 싶다는 이야기를 할 때는 이러다 사기를 당하는 게 아닌가 하는 생각까지 들어서 불안감이 극에 달했다고 합니다. 그러다 직접 건물들을 둘러보고 나니 본인도 해보고 싶은 마음이 들어 다시 오게 됐다는 겁니다. 그 부부는 지금 어떻게 됐을까요?

부부는 현재 공동명의로 논현동에 강꼬빌딩을 소유하고 있으며 매달 740만 원의 월세를 받고 있습니다. 매달 내는 대출이자가 350

만 원이니 이자를 내고도 월 390만 원의 수익을 얻고 있죠. 본인 자금 10억 원 정도로 강꼬빌딩을 소유한 겁니다. 부부는 세입자들이 하나둘 채워질 때마다 뿌듯함을 느꼈고, 세입자가 다 채워지고 월세가 입금된 첫날의 기쁨을 절대 잊을 수 없다고 했습니다.

첫 월세를 받고 몇 개월이 흐른 뒤 다시 찾아온 이 부부는 인상이 많이 달라져 있었습니다. 특히 아내의 얼굴이 한층 밝아져 있었습니다.

지방에서 대기업에 다니며 알뜰하게 모은 종잣돈으로 강꼬빌딩을 소유한 부부, 해외 파견근무를 하며 성실하게 모은 돈과 동생이 직장생활을 해서 모은 돈을 합쳐 강꼬빌딩을 소유한 형제, 22년 넘게 지방에서 약국을 운영해온 60대 약사, 서울에서 한의원을 운영하는 40대 한의사, 운영한 지 20년이 넘은 요식업 프랜차이즈 대표, 해외에서 여행업을 하는 50대 대표, 사업으로 여유자금을 모은 85년생 여성, 부모님이 물려주신 재산으로 종잣돈을 마련한 30대 남성, 개원 8년 차 의사 등이 이와 같은 진행 과정을 거쳐 강꼬빌딩을 소유했거나 소유하는 과정 중에 있습니다. 이들이 원하는 것은 안정적인 소득과 자산가치 상승이었으며, 그 결과 강꼬빌딩을 선택한 것이었습니다.

06

시공사를 선택하는 기준

🏢 건물주와 세입자에게 직접 물어보는 법 ● ●

우리는 배우자를 선택할 때 얼굴만 보고 결정하지 않습니다. 성격은 어떤지, 인성은 갖추고 있는지, 능력은 있는지 등을 두루 살펴본후 상대방 부모님을 만나보고 자신이 꾸릴 가정의 모습을 예상해봅니다. 강꼬빌딩을 직접 지을 때 시공사를 선택해야 하는데, 이 과정이 배우자를 선택하는 과정과 유사합니다.

일단 아는 사람의 추천이나 온라인 검색 혹은 주변에서 건물을 짓는 것을 보고 시공사를 찾아봅니다. 시공사와 만나 그 회사가 어떤 건물을 지었는지, 대표는 어떤 사람인지 파악합니다. 그런데 이단계에서 마음에 든다고 시공사로 선정할 때가 많습니다. 마치 배우자 당사자만 마음에 든다고 결혼을 선택하는 것과 비슷합니다. 물론 당사자만 보고 결혼해서 잘살 수도 있지만 생각지 못한 생각 차이, 생활방식의 차이로 결혼 후 어려움을 겪는 경우도 많습니다. 사실 이런 부분은 상대방의 부모님을 만나보면 미리 알 수 있습니다. 이때 생각과 다른 부분이 너무 많다면 두 사람의 관계를 다시 생각해야 할 수도 있습니다.

시공사를 선정하는 것도 마찬가지입니다. 대표가 마음에 들고, 하는 말이 믿음직하며, 회사가 그럴싸해 보인다고 해도 반드시 그 회사가 지은 건물을 직접 찾아가서 봐야 합니다. 설명을 듣거나 사진으로 보는 것과 직접 가서 살펴보는 것은 하늘과 땅 차이입니다.

직접 가서 보면 사진에서는 눈에 띄지도 않던 부자재와 건물의 마감이 눈에 들어오고, 사진에서는 볼 수 없었던 하자 부분도 알아차릴 수 있습니다. 예를 들어 주차장의 센서 조명, 건물 모서리의 마감, 주차장 바닥의 마감, 복도 벽 및 내부 벽의 마감 형태, 계단 난간의 자재와 모양, 준공 이후 건물 주변의 정리 수준, 누수의 흔적 등이 보입니다.

눈으로 보는 것 외에도 해당 건물의 소유주를 만나 공사 과정은 어땠는지, 준공 이후 하자나 미흡한 부분에 대한 시공사의 대처는 어땠는지, 사용상 불편한 부분은 없었는지도 물어봐야 합니다. 물론 무턱대고 물어보기보다 해당 건물과 건설사를 칭찬하면서 말을 꺼내는 것이 진솔한 이야기를 끌어내는 방법입니다. 예를 들어 누군가가 내가 타는 차에 대해 대뜸 뭐가 나쁜지 혹은 불편한지를 물어보면 말문을 닫게 됩니다. 잘 알지도 못하는 사람이 내 선택에 대해 왈가왈부하는 자체가 싫기 때문이죠. 하지만 "오, 이 차 좋아요. 저도 사고 싶었는데 못 샀어요. 정말 멋지네요"라고 말을 꺼내서 그 차에 대해 좋은 이야기를 하고 난 후 "그런데 이러이러한 부분은 어때요? 제가 이 차를 안 타봐서 잘 모르거든요"라고 질문하면, 차주는 조금은 객관적인 시각으로 자기 차의 단점에 관해 이야기하게 됩니다. 우리는 그 말을 주의 깊게 듣고 선택의 기준으로 삼으면 됩니다.

마찬가지로 건물주를 만나 이야기할 때도 "건물이 진짜 멋지네요. 외관의 대리석도 멋있고 1층 입구도 세련됐어요. 이런 건물을 갖게 돼서 정말 좋으시겠어요"라고 이야기를 시작하면 건물주는 본인 건물에 대해 속속들이 자랑합니다. 그러한 자랑을 듣고 나서 "그렇게 신경 써서 건물을 지으셨는데 힘들지는 않으셨어요?"라고 질문하면 건물주는 건축하면서 힘들었던 부분, 예를 들어 주변의 민원, 건설사와의 마찰 등에 관해 꺼내놓습니다.

건설사에서 민원 해결에 소극적이어서 직접 해결하느라고 힘들었다, 설계대로 공사하지 않아 재시공한 부분이 있었다, 공사 기간이 너무 길어져 경제적으로 부담이 됐다, 모든 결정을 나에게 하나

하나 물어봐서 내가 건물을 짓는 것인지 건설사에서 짓는 것인지 모를 정도였다, 준공 시점에 추가 공사비를 요구하는 바람에 꼼짝없이 무리한 공사비를 내게 됐다, 준공 후 마무리 공사를 너무 대충했다, 하자 수리를 하는 데 시간이 오래 걸리거나 계속 미루고만 있다, 공사비를 모두 주고 나니 태도가 달라졌다 등등의 이야기를 들을 수 있습니다.

좀 더 깊게 알아보려면 세입자와 이야기해보는 것이 도움이 됩니다. 건물주에게 물어볼 때와 같은 방식으로 이야기를 시작하고 나도 여기 입주하고 싶다고 하면 세입자 관점에서의 장단점도 들어볼 수 있습니다. 이처럼 건물주와 세입자의 이야기도 들어봐야 건설사가 한 말이 잘 지켜지는지, 사실인지 아닌지 알 수 있습니다.

🏢 시공사 선정이 중요한 이유

그런데 시공사를 선정하는 일에 왜 이렇게까지 신경을 써야 할까요?

첫 번째, 일단 선정하고 나면 중간에 바꾸기가 매우 어렵기 때문입니다. 중간에 시공사를 변경하려면 기존의 시공사가 공사를 포기해야 하고 새로운 시공사가 나머지 공사를 해야 합니다. 이 과정은 결혼을 하고 이혼한 뒤 재혼하는 과정의 어려움과 크게 다르지 않습니다.

기존 시공사가 공사를 포기하는 것을 '타절'이라고 하고, 타절은 정말 힘든 일입니다. 타절을 위해서는 지금까지 이뤄진 공사의 비용에 대해 합의해야 하는데 서로 의견일치를 보기가 힘듭니다.

시공사 입장에서는 애초에 건물을 다 지어서 수익을 볼 생각으로 공사를 시작했기 때문에 중간에 그만두려니 아깝기도 하고, 그럴 거면 중간에 멈추더라도 충분한 수익을 가져가려고 합니다. 건물주 입장에서는 지금까지 들어간 공사비만 인정하려고 합니다.

공사가 멈춰지면 가장 큰 손해를 보는 것은 건물주입니다. 시공사는 높은 금액을 제시하며 물러서지 않습니다. 건물주 입장에서는 억울하지만 그 금액을 받아들이고 타절을 하거나 소송을 합니다. 물론 소송을 통해 시공사가 원하는 비용보다 덜 줄 수도 있지만 공사 중단으로 인한 피해까지 고려하면 비용이 덜 들어간다고 하기 어렵습니다.

어렵게 타절한 다음에는 새로운 시공사를 선정해야 하는데 여기서 또 난관에 부닥칩니다. 누군가가 하던 공사를 이어받고 싶어 하는 건설사는 많지 않습니다. 지금까지 어떻게 공사를 했는지도 모르고, 공사를 맡으면 이전 공사업체의 잘못까지 책임져야 하기 때문이죠. 공사를 이어받을 건설사를 선정해둔 상태라 해도 공사 과정은 순탄치 않을 수 있습니다.

두 번째, 공사를 제대로 하지 못하는 시공사와 공사를 하게 되면 그 과정이 가시밭길을 걷는 것과 같습니다. 무슨 일이든 함께하는 사람끼리 손발이 맞아야 일도 잘 진행되고, 그 과정도 즐겁습니다. 하지만 일을 못하는 사람, 의사소통이 힘든 사람, 일하려고 하지 않는 사람과 함께해야 한다면 일의 결과와 과정은 엉망이 됩니다.

꼬마빌딩의 공사 기간은 적어도 5개월 이상 걸립니다. 하지만 어떤 시공사와 공사하는지에 따라 5개월이면 끝날 공사가 7개월 혹은 10개월 이상이 걸리기도 합니다. 물론 긴 시간을 들여도 완벽하게 시공이 된다면 상관없지만 시간이 오래 걸린다고 시공이 잘되는 것은 아닙니다.

시공사 선정을 잘못하면 고장 난 내비게이션을 갖고 여행을 가는 것과 다름이 없습니다. 길을 헤매는 것은 당연하고 목적지에도 도착하기 어렵습니다. 마찬가지로 시공사 선정을 잘못하면 공사 과정에서 원하던 것을 못하는 일이 다반사이며, 마음에 들지 않는 부분도 수정하기가 매우 어렵습니다. 건물이 다 지어지고 나서 마음에 들지 않아도 감수할 수밖에 없습니다. 그래서 매우 신중하게 선정해야 합니다.

🏢 시공사보다 중요한 현장소장

아무리 시공사 선정을 잘했다 해도 현장소장이 누구냐에 따라 공사가 달라지기도 합니다. 사실 강꼬빌딩 같은 꼬마빌딩은 실질적으로 현장을 맡아서 공사하는 현장소장의 역량이 더 중요할 때가 많습니다.

건설사 대표가 내 공사현장에 매일 와서 체크하는 것도 아니고 건축 과정을 하나하나 보고받는 것도 아닙니다. 공사현장에는 매일 크고 작은 결정이 수십 개씩 이뤄지며 그 결정은 대부분 현장소장이 합니다. 그런 결정들이 모여 건물이 만들어지는 것입니다.

저도 현장소장 때문에 어려움을 겪은 적이 있습니다. 현장을 다니다 우연히 눈에 들어온 건물이 있었는데, 외관이 매우 예쁘고 공용 부분 역시 센스가 넘쳤습니다. 그래서 그 건물을 지은 건설사를 찾아 미팅을 해보니 대표는 해외에서 수십 년간 건축과 인테리어를 하다가 온 실력자였습니다. 애초에 그 건설사에서 지은 예쁜 건물이 마음에 들어 찾아간 터라 대표를 만나고 이력을 들어보니 더욱 믿음이 갔습니다. 그래서 당시 지으려던 건물 하나를 그 건설사에 맡겼고, 기대에 부풀었습니다.

공사가 진행되기 전 설계사무소에서 설계한 도면의 수정을 그 건설사와 함께했는데 구조, 가구, 콘센트 위치 등에 대한 의견이 제 생각에 딱 맞거나 제가 생각한 것보다 나았습니다. 그야말로 마음에 쏙 들었죠.

그렇게 공사는 시작이 됐고, 저는 현장을 방문하며 진행이 잘되고 있는지를 체크했습니다. 아무리 믿는 업체라 해도 직접 확인하는 것은 당연히 해야 할 일입니다. 그러던 어느 날 일이 늦게 끝나는 바람에 자정이 넘어 현장을 방문했습니다. 그리고 5층에서 잘못된 점을 발견했습니다.

제 생각에 말도 안 되는 상황이었고, 당장 현장소장과 대표를 불러 이유를 듣고 수정하고 싶었지만 너무 늦은 시간이라 그럴 수는 없었습니다.

날이 밝자마자 현장으로 달려가 현장소장에게 이유를 물었습니다. 현장소장은 그것에 대해 전혀 잘못이라고 생각하지 않았고 설계가 그렇게 돼 있다고 했습니다. 누가 봐도 설계가 잘못됐는데, 아무에게도 물어보지 않고 설계도대로 시공한 것이지요. 목소리를 높여가며 언쟁을 하다가 급기야 몸싸움까지 했습니다. 그리고 이후에 건설사 대표를 만나 따지고 따져서 해당 부분을 철거하고 재시공을 했습니다.

알고 보니 현장소장은 그 건설사에서 저의 공사를 맡으며 급하게 채용한 사람이었습니다. 해당 건설사가 공사하는 방식이나 과정을 잘 모른 채 그저 설계도대로 공사하는 정도의 사람이었던 겁니다. 학교 공사만 해봤을 뿐 꼬마빌딩을 지어본 적도 없었습니다. 건설사 선정에만 심혈을 기울이고 현장소장이 누구인지는 간과한 탓에 벌어진 일이었습니다.

같은 건설사에서 지었더라도 건물마다 완성도에서 차이가 납니다. 그 이유가 바로 현장소장의 실력 차이입니다. 따라서 시공사 선정을 위해 해당 건설사에서 지은 건물을 방문할 때 반드시 현장소장이 누구였는지도 함께 확인해야 합니다.

저는 수십 개의 강꼬빌딩을 지으며 여러 현장소장을 경험해봤습니다. 듬직한 외모, 믿음직한 말로 신뢰감을 주었던 현장소장이 막상 공사를 시작해보니 추진력도 없고 꼼꼼하지 못할 뿐만 아니라 실수에 대해서도 핑계만 대고 수정해야 할 부분도 매번 미루는 모습을 보이기도 했습니다.

한 젊은 현장소장은 열심히는 하지만 제가 요구하는 것을 늘 잊어버리곤 지나서야 "아차" 하기도 했습니다. 입장 바꿔 생각해보면 당연한 일인데 편하게만 공사하려다 보니 입주해서 살 사용자의 입장은 생각하지 못했습니다.

마른 체구에 힘이 없어 보여 공사를 잘할지 의구심이 들었던 현장소장이 있었습니다. 그런데 막상 공사에 들어가보니 민원 해결과 공사 진행을 적극적으로 추진하고, 늘 손에 뭔가를 들고 현장의 미흡한 부분을 손보며 하다못해 청소라도 하는 책임감 있고 깔끔한

성격이었습니다. 현장소장으로 일하기에 적격인 사람이었습니다.

여러 현장소장을 겪으면서 시공사 선정만큼이나 어떤 현장소장을 만나느냐가 중요하다는 사실을 깨달았습니다.

07

임차인 명도 진행 방법

🏢 명도의 3단계

신축을 목적으로 건물을 매입한 후 임대 만기가 제각각인 세입자들이 있을 때 명도를 어떻게 진행해야 할까요? 명도의 사전적 의미는 토지나 건물을 점유한 사람이 그 점유를 다른 사람에게 넘기는 것입니다. 쉽게 말하면 세입자를 내보내는 것을 뜻할 때가 많습니다. 세입자 관점에서는 매정한 과정이라고 볼 수도 있고, 건물을 지어야 하는 건축주 관점에서는 꼭 해야 하는 과정이기도 합니다.

세입자를 내보내는 과정은 쉽지 않습니다. 임대 기간이 정해진 만큼 무조건 나가라고 할 수도 없는 노릇입니다. 세입자는 임대차보호법에 따라 계약서에 명시한 임대 기간을 보장받을 수 있으며 그 기간 내에는 나가지 않을 권리가 있으니까요.

또 한 건물이라고 해도 세입자들의 임대 기간은 제각각입니다. 임대 기간이 가장 많이 남은 세입자가 임대 기간을 채우고 나가야 명도가 완료됩니다. 하지만 건물을 리모델링하거나 신축하기 위해서는 임대 기간이 끝나기만을 마냥 기다릴 수 없으므로 협상을 통해 적절한 비용을 제시해 세입자를 미리 내보내야 합니다.

명도를 진행하는 과정은 다음과 같습니다.

1단계 임대 기간이 얼마 안 남은 세입자부터 명도

임대 만기가 한두 달 남은 세입자는 어차피 나갈 날짜가 얼마 남지 않았기 때문에 양해를 구하기가 쉬운 편입니다. 이사비용과 집을 구할 때 들어가는 중개수수료 정도를 제시하면 비교적 쉽게 명도를 할 수 있습니다. 주의할 점은, 합의가 이루어지면 최대한 서둘러 이사 날짜를 잡아야 한다는 것입니다.

2단계 임대 기간이 6개월 정도 남은 세입자들과 협상

협의가 이루어진 호실이 나가는 시점 전후로 임대 기간이 6개월 정도 남은 세입자들과도 협상을 진행합니다. 이미 다른 호실들이 협

의가 이루어져서 나가는 상황이기 때문에 6개월 정도 남은 세입자
도 임대 기간을 채우고 아무 보상 없이 나가는 것보다 이왕이면 이
사비용과 중개수수료를 받고 조금 일찍 나가는 편이 더 낫다고 판
단하는 경우가 많습니다.

3단계 임대 기간이 많이 남은 세입자는 조심스럽게 접근

월세 세입자는 명도가 쉬운 편이지만 임대 기간이 많이 남은 전세
세입자는 특히 조심스럽게 접근해야 합니다. 장기간 전세금을 올리
지 않았다면 기존 보증금으로 인근에 비슷한 여건의 집을 구하기
어려워 명도를 하기가 쉽지 않습니다.

그런데 사실 임대 기간이 많이 남은 세입자도 결국 임대 기간이
만료되면 나가야 하므로 세입자의 여건과 상황을 최대한 고려해주
면서 협상해나가면 적절한 금액(중개수수료, 합의금, 이사비용, 상가라면
권리금 등)으로 최종 합의에 이르게 됩니다.

대부분 이 같은 세 단계로 명도가 이뤄지지만, 간혹 막무가내로
못 나간다고 버티는 세입자도 있습니다. 보증금을 다 소진하고도
무작정 버티기도 합니다. 이사비용의 수십 배를 원하는 사람도 있
습니다. 이런 경우는 어쩔 수 없이 명도소송을 신청해 해결해야 합
니다.

명도소송은 변호사를 통해서 할 수도 있지만 대법원 홈페이지의 '나 홀로 소송'을 통해서 할 수도 있습니다. 나 홀로 소송을 진행하면 인지대(15~30만 원 내외)만 들 뿐이지만, 변호사를 통하게 되면 200만 원 이상(인지대 별도)의 비용이 듭니다. 명도소송의 판결이 나오면 집행관이 해당 건물을 방문해서 세입자의 짐을 꺼냅니다(집행관의 강제집행 비용은 평당 10만 원입니다). 명도 소송에는 총 6개월 정도의 시간이 걸립니다. 만약 세입자가 6개월 동안 내지 않은 월세가 있다면 그 부분은 별도로 민사소송을 진행해야 합니다.

막무가내로 버티는 세입자들은 이런 과정을 잘 알고 있을 때가 많습니다. 그래서 건물주가 명도소송을 진행하며 피해를 보는 금액이 세입자가 원하는 이사비용의 최대 금액이 되기도 합니다.

🏢 명도 사례

1년 넘게 월세를 연체해 보증금마저 모두 소진한 세입자

이분은 3년 전 신축을 하기 위해 오래된 건물을 샀을 때 만난 기존 세입자입니다. 이 세입자는 월세를 1년 6개월 동안 미납하고 있었습니다. 보증금 500만 원에 월세가 45만 원이었으니 11개월 연체로 보증금은 모두 소진된 상태였고 7개월치 월세인 315만 원이 미납이었습니다.

그 세입자는 집에도 잘 들어오지 않아 만나기도 어려웠습니다. 며칠 만에 집에 들어와도 만나주지 않고, 그 집에서 계속 살겠다고 버텼습니다. 보증금도 모두 까먹고 월세가 300만 원 넘게 밀려 있는데도 안 나가겠다는 말을 당연한 듯이 했습니다. 집을 찾아가기를 수차례 반복한 끝에 그가 속내를 드러냈습니다. 이사를 나가는 조건으로 1,000만 원을 요구했습니다. 월세가 300만 원 넘게 밀린 상황에서 1,000만 원을 달라니 어이가 없었지만 그는 한 치도 물러설 기색이 없었습니다.

고민이 많이 됐지만 원하는 대로 해주기로 했습니다. 상식 밖의 사람과 이야기한다고 타협점이 찾아질 것 같지 않았고, 소송한다고 해도 그만큼의 시간과 비용이 들기 때문입니다. 놀랍게도 그는 1,000만 원의 이사비용과 위로금을 받자마자 신속하게 이사를 했습니다. 그때까지 보지 못한 재빠른 모습에 헛웃음만 나올 따름이었죠.

세 가족이 산다며 한 사람당 이사비를 따로 요구한 세입자

제가 신축하려고 산 건물에 살던 분인데, 건물의 명도가 거의 마무리될 때까지 본인이 원하는 것을 이야기하지 않았습니다. 그 이유는 다른 세입자들이 다 나가고 나서야 밝혀졌습니다. 그 세입자만 남은 상황이었는데, 자신이 나가야만 공사가 시작된다는 것을 안 그는 가족이 세 명이니 한 사람당 1,000만 원씩 총 3,000만 원의 이사비를 달라고 했습니다. 보증금 500만 원에 월세 55만 원인데, 이사비로 3,000만 원을 달라니요.

찾아가도 문전박대하며 본인이 원하는 것을 해줄 때까지 못 나간다며 고집을 부렸고, 결국 큰 인심 쓰듯이 1,000만 원을 깎아 2,000만 원만 주면 나가겠다고 강짜를 부렸습니다(그때가 떠올라 다시 화가 나네요). 결국 그렇게 하기로 했습니다. 감정대로만 한다면 명도소송을 해서 최소한의 비용인 100만 원 정도만 주고 내보내고 싶었지만, 건물 신축은 감정이 아닌 이성적으로 처리해야 하는 일이기에 눈물을 머금고 내린 결정이었습니다.

명도를 할 때 대부분은 이사비용과 위로금 등으로 합의가 이뤄집니다. 하지만 보증금과 월세가 낮은 집일 수록 예로 든 사례와 같은 일이 빈번하게 일어납니다. 지금도 저는 오래된 구옥을 사서 신축하기 위해 명도를 하는 중입니다. 10세대 중 7세대가 나갔고 이제 3세대가 남았습니다. 이번 명도는 상식 밖의 요구를 하는 세입자는 없어서 조금은 수월한 상황입니다. 하지만 아직 3세대가 남아 있어서 마음 편하게만 생각할 수는 없습니다. 무슨 일이든 끝날 때까지 안심할 수 없기 때문이죠.

강꼬빌딩에서 땅의 크기가 중요한 이유

자금에 구애받지 않는다면 당연히 작은 땅보다는 큰 땅이 낫다고들 생각합니다. 그런데 이런 생각은 강꼬빌딩에 한해서는 맞기도 하고 틀리기도 합니다. 그 이유는 강꼬빌딩을 매입한 후 철거하고 신축하는 시점에서 알게 됩니다. 예를 들어 대지 면적이 40평이면 신축하기가 어렵습니다. 과거보다 법정 주차 대수가 늘어나 신축을 하려고 보니 1층 전체를 주차장으로 만들어야 할 수도 있습니다.

건물을 신축할 때 법에서 정한 주차 대수 계산법은 다음과 같습니다.

- 근생빌딩 주차 대수 = $\dfrac{\text{시설 면적}}{\text{시설 기준}}$

- 주거형 꼬마빌딩은 세대당 0.5대

시설 기준은 지자체별로 다르기 때문에 확인이 필요합니다. 계산해서 나온 주차 대수가 1을 초과하여 소수점이면 반올림합니다. 예를 들어 1.6대로 나오면 2대가 법정 주차 대수입니다.

법정 주차 대수만큼의 주차장을 확보하지 못하면 건물의 규모를 줄여야 합니다. 신축을 하면서 오히려 수익률이 떨어지는 상황이 빚어지는 것이죠. 그래서 소규모 강꼬빌딩의 경우 신축 대신 리모델링을 선택합니다.

여건이 같은 2종 주거지의 경우 대지 면적 50평과 60평은 건축비 차이가 크게 나지 않아 이왕이면 60평을 선택하는 것이 낫습니다. 그러나 대지 면적이 커질수록 신축할 때 건축 허가가 아닌 건축 심의, 사업 승인을 받아야 하는 상황이 생기기도 합니다. 건축 심의와 사업 승인은 일반적으로 건축 허가보다 시간이 오래 걸립니다. 공사 기간이 길어진다는 의미입니다. 공사 기간이 길어지는(적게는 6개월에서 1년) 것을 감수할 만하다면 모를까 그렇지 않다면 다시 생각해봐야 합니다.

사실 모든 강꼬빌딩은 입지와 크기, 주변 여건이 모두 달라서 무 자르듯이 좋다, 나쁘다를 판단하기는 어렵고 해당 건물마다 분석이 따로 필요합니다. 작은 크기여도 괜찮은 것이 있고 적당한 크기지만 별로 좋지 않은 것이 있습니다. 그것을 나누는 기준은 사실 가격일 때가 많습니다. 시세보다 낮은 가격은 그리 좋지 않은 여건을 감수하게 해주며, 높은 가격이라면 여건이 좋은 강꼬빌딩도 장점이 없어지기도 합니다.

내구성 있는 자재를 쓰기보다 화려함에만 중점을 둔 건물은 몇 년만 지나도 오래된 느낌이 들고 수리도 까다로우며 비용 역시 많이 듭니다. 처음 강꼬빌딩을 살 때는 그런 겉모습에 현혹되기 쉽습니다. 하지만 세입자가 해당 건물을 과연 아껴서 쓸 수 있을지, 처음 상태로 오래갈지, 수리한다면 어색한 티가 나지 않을지, 처음 상태로 되돌리고자 할 때 절차와 비용이 얼마나 들지를 생각하면 건물을 좀 더 제대로 볼 수 있을 겁니다. 또한 건물을 제대로 사는 것 못지않게 중요한 것이 바로 건물 관리입니다. 10년을 타도 새 차 같은 컨디션의 자동차가 있고 1년 만에 허름해지는 자동차가 있습니다. 건물도 마찬가지입니다. 하지만 자동차는 관리를 잘해도 시간이 지남에 따라 가치가 떨어질 수밖에 없지만 건물은 어떻게 관리하느냐에 따라 가치를 높일 수 있습니다.

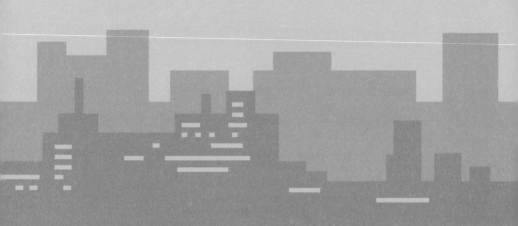

5

월세와 자산가치 올리는
강꼬빌딩 관리법

기대와 달리 공실이 나는 이유

🏢 수익형 부동산은 시세차익형 부동산이 아니다 ● ●

부동산 재테크를 떠올리면 대부분 시세차익을 생각합니다. 시세차익을 얻기 위해 부동산에 투자할 때는 싼 가격에 사서 비쌀 때 팔아 차익을 얻어야 하는데, 이때 부동산 가격에 영향을 미치는 호재 여부나 향후 매도 시기가 중요합니다. 사고 나서 가격이 오르지 않으면 이익을 볼 수 없으며 아무리 가격이 올랐다고 해도 팔리지 않으면 수익을 낼 수 없습니다. 그런데 수익형 부동산을 살 때도 이 같은 시세차익형 부동산을 사는 기준으로 접근하는 분들이 많습니다.

신규로 상가 분양을 하는 곳을 방문해보면 해당 지역에 상업용 건물과 오피스텔 등이 들어서면 유입될 인구가 수천, 수만 명이 될 테고, 그러면 상권이 형성돼 월세를 최소 000만 원은 받을 수 있다고 설명합니다. 그래서 지금 이 정도 분양가는 싼 것이며 수익률도 높다고 이야기합니다.

현재 그곳은 아직 개발도 되지 않고 인구 유입도 없는 상황이죠. 그럼 다음의 이야기를 한번 읽어보실까요?

여기 병아리 한 마리가 있습니다. 이 병아리가 닭이 돼 알을 하루에 한 알씩 낳으면 한 달에 달걀 30개를 얻을 수 있습니다. 달걀 1개가 100원이니 30개면 3,000원을 매달 벌 수 있습니다. 1년이면 3만 6,000원입니다. 그러니 1년에 3만 6,000원을 벌 수 있는 이 병아리를 50만 원에 사면 매우 싼 가격이고 수익률도 연 7.2%이니 상당히 높은 수익률입니다.

이 이야기를 읽고 어떤 생각이 드십니까? 말도 안 된다고 생각하시나요? 당연히 그럴 겁니다. 나중에 알을 낳을 것을 예상해 지금 알도 낳지 못하는 병아리를 50만 원에 사는 것은 어리석은 행동입니다. 그 병아리가 병치레 없이 잘 자랄지도 알 수 없고, 닭이 된 후에 알을 매일 낳을지도 모르고, 그 병아리가 닭이 되고 난 뒤 알을 낳는 시점에 달걀값이 100원일지도 알 수 없기 때문이죠.

🏢 돼지 키우기 VS 닭 키우기 ● ●

병아리의 이야기는 이상하다고 생각되지만, 부동산은 그럴싸하게 들립니다. 왜 그럴까요? 부동산 투자는 시세차익의 개념이 일반적이라 그 개념을 수익형 부동산에 적용하니 그럴싸해 보이는 겁니다. 그러나 시세차익형 부동산과 수익형 부동산은 그 기준이 다릅니다.

간단히 비유를 들자면, 새끼 돼지를 사다가 잘 키워 시장에 내다 팔아 고깃값을 받는 것과 닭을 사다가 닭이 낳은 달걀을 팔아서 돈은 버는 것은 판단 기준이 다릅니다. 돼지를 키울 때는 향후 돼지가 잘 팔릴지, 언제 가격을 잘 받을 수 있을지가 관건입니다. 하지만 닭을 키울 때는 내가 산 닭이 알을 잘 낳을지, 알의 값을 잘 받을 수 있을지가 중요합니다. 즉 돼지와 닭을 사는 기준은 차이가 납니다.

부동산도 마찬가지입니다. 시세차익형 부동산을 살 때와 수익형 부동산을 살 때는 그 기준이 전혀 다릅니다. 시세차익형 부동산은 개발이 안 된 곳을 사서 가격이 오르기를 기다려도 되지만, 수익형 부동산을 살 때는 현재 월세가 형성된 지역, 혹은 바로 옆에 월세를 잘 받는 건물들이 있는 곳을 선택해야 합니다. 앞으로 잘될 지역, 앞으로 사람이 모일 지역, 앞으로 발전될 지역은 시세차익형 부동산을 염두에 두고 투자할 곳이지 수익형 부동산으로는 적합하지 못합니다.

모델하우스나 분양하는 사람들에게 듣는 설명은 사실 시세차익형 부동산에 관한 것이 많은데 그런 이야기들을 제대로 된 기준 없이 들으면 언뜻 그럴싸해 보입니다.

부동산이라고 다 같지 않습니다. 사는 목적에 맞게 기준을 갖고 개별 부동산을 판단해야 합니다. 즉 시세차익형 부동산의 기준으로 수익형 부동산을 사게 되면 기대와는 달리 장기간 공실을 경험할 수도 있으며, 부동산 가격이 하락할 수도 있습니다. 간혹 신규 분양 상가에서 월세를 일정 기간 보장해주기도 하는데, 그런 경우 보장 기간이 끝나면 바로 공실이 되는 경우도 있고 월세 시세가 많이 낮아지는 경우도 있습니다.

부동산을 결정할 때는 해당 부동산이 시세차익형인지, 월세 수익형 부동산인지 판단하고, 해당 기준에 부합하는 조건을 갖추고 있는지 확인해야 합니다.

세입자 관리, 대체 어떻게 해야 할까?

🏢 월세가 연체된다면

50대 전문직에 종사하는 분이 상담하러 온 적이 있습니다. 그분은 2년 전 대전에 있는 4층짜리 상가 건물을 샀습니다. 한 층에 매장이 하나씩 있고 1년 전 2층 세입자가 바뀌면서 크게 스트레스를 받는 일이 생겼다고 합니다. 해당 세입자는 처음 사업을 해보는 터라 아는 것이 많지 않았는데, 매사 의심과 불평불만이 많아 임대 계약을 할 때부터 불편함이 있었다고 합니다. 임대를 들어오고 나서는 더욱 심해져 하루가 멀다 하고 불평불만을 쏟아냈습니다. 오죽하면 그 세입자 때문에 건물을 팔고 싶다는 생각을 했을까요.

임차인이 주로 하는 의심과 불평불만에는 다음과 같은 것들이 있습니다.

첫 번째, 계약할 때 등기권리증과 신분증을 확인했음에도 진짜 주인인지 의심하며 꼬치꼬치 캐묻습니다.

두 번째, 표준 계약서 내용으로 계약하는데 하나하나 따집니다. 상가의 경우 퇴실 시 원상복구가 의무인데 왜 그것이 의무인지 따진다든가, 현재 상태 그대로 임대하는 것인데 냉난방기는 해줘야 하지 않느냐고 요구한다든가, 공용전기와 공용수도는 전체 요금에서 세입자들끼리 n분의 1로 부담하는데 자신이 사용한 비용만 따로 내겠다든가 등등 매우 다양합니다.

세 번째, 수리를 요구해서 가보면 수리할 정도가 아니거나 과한 수준의 수리를 요구합니다. 전화를 못 받으면 왜 안 받았냐고 따지기도 합니다. 임대료 내는 것을 아까워하며 건물 관리와 청소까지 참견하고 명령조로 이야기하는 사람도 있고 본인 마음에 들지 않는다고 막말을 하는 사람도 있습니다.

이외에도 세입자가 월세를 연체하거나 야반도주를 해서 스트레스를 받는 건물주들이 있습니다. 그렇다면 가장 중요한 월세가 연체되지 않게 하는 방법엔 무엇이 있을까요?

애초에 세입자를 잘 선정해야 한다

세입자의 나이, 성별, 직업과 소득이 안정적인지를 확인해야 합니다. 대체로 두세 명이 같이 사용하는 것보다 혼자 사용하는 사람이 낫습니다. 두세 명이 같이 사용하면 월세 부담이 적어져 연체하지 않으리라 생각하지만, 애초에 함께 사용하는 이유가 소득이 적거나 월세가 부담되기 때문입니다. 한 명이라도 월세를 낼 수 없는 사정이 되면 연체되기 쉽고 나중에 내보낼 때도 곤란한 일이 생기기도 합니다.

겉보기에는 화려하지만, 사람을 무시하거나 자신은 이런 데 살 사람이 아니라는 식으로 허세를 부리는 사람은 나중에 문제를 일으키기 쉽습니다. 요컨대 월세를 잘 낼 세입자를 선택하는 것이 연체를 막는 가장 확실한 방법입니다.

사전에 연체되지 않게 관리한다

월세가 연체되고 나서 대처하기보다 애초에 연체되지 않게 관리하는 것이 중요합니다. 사실 건물 주인이 나쁜 세입자를 만듭니다. 세입자가 제 날짜에 맞춰 월세를 낼 것이라고 당연하게 생각하면 안 됩니다. 계약할 때도 월세 날짜를 꼭 지켜달라고 당부해야 하고, 납부일 며칠 전에 알림 문자를 보내기도 해야 합니다. 월세 내는 것을 잊지 않게 하고, 연체를 했을 때는 강력하게 대응해야 합니다.

연체됐을 때 단호하게 대처한다

만약 월세가 연체됐다면 하루도 그냥 넘어가서는 안 됩니다. 그냥 넘어가면 세입자는 그래도 된다고 생각할 수 있습니다. 처음에는 하루였다가 그다음에는 이틀, 그러다가 1주일이 늦어지는 일도 생길 수 있습니다. 그렇기에 전화나 문자로 반드시 연락해서 월세 납부일이 지났음을 알리고 즉시 납부해달라고 요구해야 합니다.

🏢 임대관리업체 이용하기 ● ○

이렇게 관리하면 월세를 받지 못하는 일은 드뭅니다. 그럼에도 연체가 계속된다면 매일 찾아가야 합니다. 연체되지 않게 관리하고 계속 신경을 써야 합니다. 사람을 상대하는 일이 힘들거나 번거롭다면 임대관리업체를 이용하는 것도 방법입니다.

강남에 임대관리업체가 생긴 지는 20년 정도 됩니다. 관리하는 건물 수가 늘어나도 한계비용*이 따라서 늘어나는 것은 아니기에 규모의 경제에 따라 운영됩니다. 임대관리업체가 존재하기 위해서는 임대 건물이 밀집돼 있고, 임대 수요가 많아야 하며, 다른 지역보다 임대료가 높아야 하는데, 이런 조건을 갖춘 곳이 강남이라 월세 보장형 임대관리업체의 99% 이상이 강남에 자리 잡고 있습니다.

저는 임대관리업체를 운영하면서 참 다양한 일을 경험했는데요. 계약한 사람과 다른 사람이 들어와 살면서 두 번째 달부터 월세를 연체하는 경우, 집 안을 쓰레기장처럼 써서 외부까지 악취가 진동하게 하는 세입자, 비 오는 날 창문을 열어두고서 비가 샌다고 불평하는 세입자, 월세 미납으로 직접 방문을 하면 없는 척하는 세입자, 온갖 쓰레기를 그대로 두고 퇴실하는 세입자, 미리 공지한 부분도 무시하고 일방적으로 자기주장만 하는 세입자 등이 있었습니다. 수백 개 호실을 관리하는 저에게는 매일 있는 일이지만, 건물 하나 정도를 직접 관리할 때는 가끔 있는 일이기는 합니다.

임대관리업체는 건물주가 겪을 수 있는 어려움을 대신 해결해주는 형태와 중간 조율만 해주는 형태가 있고, 그에 따라 관리비용이나 수수료를 받고 있습니다.

---

* **한계비용** 재화나 서비스 한 단위를 추가로 생산할 때 필요한 총비용의 증가분. 쉽게 설명하면 짜장면 10그릇을 만들다가 1그릇을 더 만들었을 때 늘어나는 비용을 말한다.

03

시설 관리는 어떻게 해야 할까?

어떤 건물을 살 것인가만큼이나 중요한 것이 구입한 건물을 어떻게 관리하느냐입니다. 관리에 따라 임대가 잘 나가기도 하고 그렇지 않기도 합니다. 그리고 임대 현황은 건물의 가치를 높이기도 하고 낮추기도 합니다.

임대시설은 크게 공용 부분인 건물 외부, 주차장, 계단실, 공용화장실, 엘리베이터 부분이며, 그 외에는 각 호실의 내부로 나뉩니다. 그리고 주거용인지 상업용인지에 따라 신경 써야 할 부분에 차이가 있습니다.

우선 주거용 건물에서 주기적으로 돈이 들어가는 부분은 도배와 바닥입니다. 그 외에 전구 정도가 있고, 특별히 수리를 요하는 것들에 보일러, 방문, 싱크대 문(틀어지거나 기울어짐), 가전제품(빌트인 냉장고, 세탁기, 에어컨 등) 고장, 리모컨 분실 등이 있습니다.

🏢 주거용 건물

도배

1~2년에 한 번은 전체적으로 도배를 해줄 필요가 있습니다. 물론 세입자가 깔끔하게 사용했다면 천장을 빼고 벽 부분만 하기도 합니다. 도배할 때는 전등 스위치에 칼집이 나지 않게 주의해야 합니다. 도배할 때 스위치 부분을 표시하거나 자리 잡기 쉽도록 칼로 X자를 그리는데, 도배지뿐만 아니라 스위치에까지 손상이 갈 때가 있습니다. 도배사에게 아무 말 없이 도배를 맡기면 전등 스위치에 칼집이 나서 그 부분에 때가 끼어 집이 지저분해 보입니다.

바닥

과거에는 바닥재로 장판을 많이 사용했고 주기적으로 새로 깔아줘야 했습니다. 요즘은 데코타일이나 타일로 시공하는 경우가 많습니다. 데코타일은 잘 고르면 인테리어 효과가 좋고 내구성이 강해 관리하기가 매우 쉬운 장점이 있습니다. 디자인이 다양하게 나오므로 내부 인테리어와 조화로운 것으로 선택할 수 있습니다.

타일로 하는 경우도 많은데, 사실 타일로 시공하면 처음에는 대리석 같은 분위기가 나서 고급스럽기도 합니다. 그런데 물건을 떨어뜨려서 타일 모서리가 깨지거나 금이 가면 수리하기가 매우 곤란하며 비용 역시 만만치 않습니다. 깨진 면에 베이거나 다칠 수 있어 손상된 곳을 고치지 않을 수도 없습니다. 비용이 비싸다고 실리콘으로 대충 수리하면 세입자들이 그 집을 선호할 가능성이 점차 줄어들거나 월세 가격을 내려야 할 수도 있습니다.

🏢 상업용 건물　　　　　　　　　● ◦

상업용 건물은 각 호실의 내부보다는 공용 부분의 관리에 신경을 써야 합니다. 건물 내부와 외부(주차장, 건물 입구, 계단실, 복도, 엘리베이터)의 청소는 기본이며 건물 외벽 역시 주기적으로 청소해야 합니다. 또한 주차장의 주차 라인이 지워진 것, 쓰레기장의 정리 및 청결, 건물 외관 및 복도 조명 등 건물의 전반적인 부분을 늘 깔끔하게 유지해야 합니다.

관리비용을 줄이기 위해 청소 주기를 늘리거나 수리할 부분을 방치하면 건물은 점차 허름해집니다. 그리고 한 번 허름해진 건물은 원래대로 되돌리기 어렵거나 큰 비용이 들게 됩니다. 오래돼도 잘 관리된 건물은 세입자를 구하기가 유리하지만 그렇지 못한 건물은 공실률이 높아질 수 있습니다.

임대하려는 강꼬빌딩을 처음부터 예쁘게 짓는 것도 중요하지만 사실 그보다는 관리하기가 쉽고 처음 상태를 유지할 수 있는 자재와 인테리어를 하는 것이 훨씬 중요합니다. 꼬마빌딩을 지어서 파는 사람 중에는 잘 팔기 위해 언뜻 보기엔 아주 예쁜 구조, 인테리어를 해놓고 파는 경우가 있습니다. 내구성 있는 자재를 쓰기보다 화려함에만 중점을 둔 건물은 몇 년만 지나도 오래된 느낌이 들고 수리하기에도 까다롭고 비용 역시 많이 듭니다.

처음 건물을 볼 때는 겉모습에 현혹될 수 있습니다. 하지만 본인이 아닌 세입자가 해당 건물을 사용한다면 과연 아껴서 쓸 수 있을지, 처음 상태로 오래갈지, 수리한다면 어색한 티가 나지 않을지, 처음 상태로 되돌리고자 할 때 절차와 비용이 얼마나 들지를 생각해보면 건물을 좀 더 제대로 볼 수 있을 겁니다.

04

임대 관리의 현실

🏢 악몽 같은 기억

세입자를 잘 선정한다고 했지만 처음에는 좋아 보이던 사람이 입주 후 엉뚱한 행동을 하기도 합니다. 월세가 밀려 찾아갔을 때 막무가 내로 버티는 세입자도 있습니다.

임대 관리를 하며 기억에 남는 몇몇 세입자가 있는데 어느 40대 여성 세입자는 월세 밀리는 것을 대수롭지 않게 생각했습니다. 연 락은 잘 받았지만 매번 사정이 어렵다며 다음 주에 주겠다고 하기 를 몇 개월간 반복했습니다.

건물주도 사람인지라 그 정도 되면 감정이 나빠지고 불친절해질 수밖에 없습니다. 세입자는 그런 부분을 악용해 명예훼손으로 고소

하겠다고 협박하기도 했습니다. 월세 납부 약속은 매번 어기고, 월세는 계속 연체되고, 그렇다고 나가지도 않는 세입자는 그야말로 골칫거리였습니다.

건물 입구 비밀번호를 바꿔서 불편하게 해도 다른 세입자들에게 물어서 알아내고, 한전을 통해 전기를 차단해도 한전에 다시 연락하는 등 이전에 연체 세입자들에게 통했던 모든 방법이 무용지물이었습니다. 임대관리팀은 그 세입자 때문에 늘 스트레스를 받고 해결은 안 되는 상황이었습니다. 결국에는 사정사정해서 연체된 월세를 한 푼도 받지 못한 채 내보낼 수밖에 없었습니다. 못 받은 월세가 아깝고 억울했지만 이런 상황을 더 끌고 가지 않는 것이 나은 선택이라고 위안했습니다.

그 세입자가 겨우 나가고 해당 호실에 다른 세입자가 들어왔습니다. 그런데 새로 들어온 세입자도 첫 달부터 월세를 연체했습니다. 확인해보니 그 세입자가 친구 이름으로 계약을 하고 다시 들어온 것이었습니다. 참으로 경악할 만한 일이었습니다.

월세 연체를 막기 위해 이런저런 방법을 다 써보고, 잘해주기도 하고, 강하게 나가보기도 하고, 별짓을 다 해봐도 소용이 없었습니다. 어떤 달에는 월세를 납부한다며 2만 원을 송금한 적도 있습니다. 월세를 받기 위해 찾아가면 신고를 해서 경찰이 출동하는 일이 벌어졌습니다.

그렇게 연체가 700만 원이 넘어갔습니다. 5년 동안 임대 관리를 하며 수천 명의 세입자를 상대해봤지만, 이 정도는 처음이었습니다. 우여곡절 끝에 세입자가 이사를 나가기로 했고, 밤 10시에 이사를 시작한다는 이야기를 듣고 직접 가봤습니다. 그 집에 그 정도 짐이 들어갈 수 있나 싶을 정도로 짐이 많았고, 방 하나와 거실 하나가 있는 집에서 이삿짐을 빼는 데만 3시간이 걸렸습니다. 저는 짐을 다 빼기만 기다렸다가 해당 호실의 비밀번호를 바꾸고 문을 닫았습니다. 그때가 새벽 2시였습니다. 그리고 곧장 달려 나가 밀린 월세 1,000만 원을 내기 전에는 못 움직인다고 이삿짐 차량 앞을 가로막았습니다. 차를 못 움직이게 하고 1시간, 2시간이 지났습니다. 그 세입자는 이삿짐 차에서 버티며 내릴 생각도 하지 않았습니다.

추운 날씨에 더는 밖에서 기다릴 수 없어 이삿짐 차를 못 나가게 조치를 하고 집으로 돌아왔습니다. 잠도 제대로 이루지 못한 채 5시간이 흐른 후 휴대전화를 확인해보니 부재중 전화 30통이 와 있었습니다. 직원에게 온 전화였고, 마음 약한 직원이 그녀가 하도 졸라서 차량이 나갈 수 있게 해줬다는 겁니다. 월세 1,000만 원은 그렇게 맥없이 받을 수 없는 돈이 돼버렸습니다.

🏢 어려운 일은 임대관리업체에게

이 일을 겪으면서 제가 배운 것은 두 가지였습니다. 첫 번째, 결정적인 순간에는 내가 모든 책임을 지고 결정하며 행동해야 한다는 것, 두 번째, 이 같은 일이 다시는 일어나지 않게 해야 한다는 것이었습니다. 다시는 같은 일이 안 일어나게 한다면 못 받은 월세가 그만한 가치가 있다고 생각했습니다.

수천 명의 세입자를 상대해왔지만 늘 새로운 유형의 세입자가 나타나게 마련입니다. 여자친구 이름으로 임대를 들어와서 함께 사는 남자 세입자가 있었는데 그는 매우 특이했습니다. 방 하나, 거실 하나가 있는 집을 월세 150만 원에 사는데 타고 다니는 차는 5억 원이 넘는 고급 외제 차였습니다. 연체를 밥 먹듯이 하면서 서너 달치를 한 번에 내기도 하고 월세 대신 큰 도자기나 금괴를 들고 와 대신 받아달라고 하기도 했습니다. 임대 관리를 하다 보면 그 사람의 겉과 속이 어떻게 다른지 잘 알게 됩니다. 겉으로는 돈이 많고 부유한 척하지만 월세를 못 내서 쩔쩔매는 사람들이 꽤 많습니다.

물론 이런 일이 비일비재하게 일어나지는 않습니다. 하지만 이런 일은 한 번만 일어나도 건물주가 직접 관리하든 임대관리업체가 하든 속이 상하는 것은 물론 금전적인 손해까지 보게 됩니다. 심할 경우 건물을 팔아버리고 싶다는 생각이 들기도 합니다.

하지만 책임감 있는 임대관리업체에 맡기면 건물주는 스트레스 없이 월세를 받을 수 있지요. 물론 임대관리업체는 세입자에게 받는 월세와 건물주에게 지급하는 월세의 차액으로 유지관리를 하며 수익을 냅니다. 하지만 이런 일들을 남모르게 해결하며 곤란함을 겪고, 경찰서를 드나들기도 하며, 때로는 큰 손해를 입기도 합니다.

05

잘못 관리하면 벌어지는 일

관리 부실은 공실로 이어진다

2년 전이었습니다. 어느 날 제가 잘 아는 강꼬빌딩을 소유한 50대 여성이 상담하러 왔습니다. 위치도 괜찮고 건물 외관이 오래되기는 했지만 당장 리모델링을 해야 할 정도는 아니었습니다. 그런데 이 건물을 산 지 2년이 채 되지 않았는데 전체 14개 호실 중 9개가 공실이었습니다. 사정을 듣고 저는 해당 건물의 내부를 보기로 했습니다.

건물 중개를 도왔던 부동산중개소에서 해당 건물을 관리했는데, 그 방식이 너무도 이상했습니다. 월 관리비도 받지 않고 실비 정도만 받고 건물 청소를 해주는 상황이었습니다. 그러다 보니 해당 중개소에서는 그 건물의 임대를 굳이 채우지 않아도 크게 상관이 없었습니다. 건물주는 돈도 거의 받지 않고 관리를 해준다고 하니 고마워했지만 비용이 들어가지 않는 만큼 제대로 된 관리가 이루어질 수 없었습니다. 공실률이 높아지는 것은 당연해 보였습니다. 하지만 아무리 그렇다 해도 건물 상태가 멀쩡하다면 공실률이 그렇게 높을 수는 없었습니다.

그래서 직접 방문해봤습니다. 역시나 상태가 심각했습니다. 2019년 강남에 있는 집인데도 화장실에 세면대가 없어 쪼그려 앉아 세수를 해야 했고, 방 천장은 누수로 인해 벽지가 불룩하게 배가 불렀으며, 주방 바로 뒤 벽에는 오래된 보일러가 지저분하게 노출된 채 붙어 있었습니다. 게다가 방범 창살은 외부의 침입을 막는 용도가 아니라 내부에 사람을 가두는 감옥 창살 같은 느낌이었습니다. 한 마디로 누구도 들어오고 싶지 않은 상태였습니다. 관리만 잘못된 것이 아니었습니다. 애초에 건물을 잘못 산 경우였습니다. 리모델링용이나 재건축으로는 괜찮지만 월세를 받기에는 적절치 않았습니다.

최근에 상담한 논현동 상업용 건물 소유주도 공실률이 높아 수익률이 형편없는 상황이었습니다. 임대관리회사를 바꾸고 나서 공실률이 높아졌다고 했습니다. 예전 관리회사는 공실 없이 운영을 잘했지만 세입자와 분쟁이 있을 때 적극적으로 대처하지 못했다고 합니다. 그래서 공신력이 있어 보이는 데다 매달 받는 관리비도 매우 저렴한 새로운 관리회사로 바꿨다는 겁니다.

여기서 반드시 짚고 넘어가야 할 게 있습니다. 식자재 예산을 줄이면 반드시 음식의 질이 낮아지고 양이 줄어들듯이 관리비용이 현저히 싼 임대관리회사에 관리를 맡기면 건물 상태가 엉망이 될 수 있다는 점입니다.

그렇게 임대관리회사를 바꾸고 나서 월 관리비는 줄었지만 하나둘 공실이 생겨 최근에는 5개 호실이 비었으며 건물에서 가장 임대료가 높은 호실 역시 1년 넘게 공실로 방치되고 있었습니다. 건물을 방문해보니 역시 관리 상태가 엉망이었습니다. 입지는 괜찮은데 손볼 곳이 눈에 많이 띄었습니다.

10년을 타도 새 차 같은 컨디션의 자동차가 있고 1년 만에 허름해지는 자동차가 있습니다. 건물도 마찬가지입니다. 하지만 자동차는 관리를 잘해도 시간이 지남에 따라 가치가 떨어질 수밖에 없지만 건물은 어떻게 관리하느냐에 따라 가치를 높일 수 있습니다. 건물을 제대로 사는 것 다음으로 중요한 것이 바로 건물 관리입니다.

강꼬빌딩을 소유하기 적합한 곳은 논현동과 역삼동입니다. 여기에 덧붙여 삼성동과 대치동을 들 수 있습니다. 논현동과 역삼동은 우선 강꼬빌딩의 수가 많고 인근에 직장과 번화가가 있어 1~2인 가구의 임대 수요도 많습니다. 삼성동과 대치동은 강꼬빌딩의 수가 논현동과 역삼동보다는 적지만 자녀를 키우는 3~4인 가구의 거주수요가 높은 곳입니다. 청담동, 압구정동, 신사동은 강꼬빌딩이 아예 없거나 있다고 해도 가격이 너무 높아 처음으로 강꼬빌딩을 갖고 싶은 분들에게 부담스러운 지역입니다.

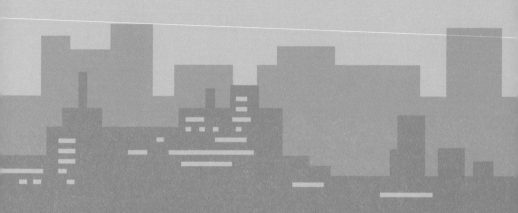

부록

강남의 동네별
강꼬빌딩 현황

입지는 부동산을 선택할 때 가장 중요한 요소입니다. 하지만 음식을 만들 때 영양소가 중요하다고 맛을 등한시하지 않듯이 부동산을 선택할 때도 입지는 다른 요소와 조화를 이뤄야 합니다.

음식을 준비할 때 우리는 누구를 위한 것인지 생각합니다. 어르신을 위한 음식인지 아이를 위한 음식인지 아니면 운동선수를 위한 음식인지에 따라 재료와 양, 조리 방법이 달라집니다. 부동산도 무엇을 위한 것인지에 따라 입지 선택이 달라집니다.

우선 상가는 번화가, 상권이 형성된 곳 그리고 교통이 편리한 곳을 우선시 합니다. 유동인구가 많아야 하며 찾아오기 쉬운 곳에 있어야 하기 때문입니다. 식당, 카페, 병원, 마트 등이 있으며, 이러한 상가들은 다른 목적의 부동산에 비해 입지의 영향을 많이 받는다고 볼 수 있습니다.

사무실 용도의 부동산은 상가보다는 입지 선택에서 조금 자유롭습니다. 상권이 발달한 곳이나 번화가에 꼭 있을 필요는 없습니다. 하지만 상권과 너무 동떨어져 있거나 교통이 불편하다면 임대에 어려움을 겪을 수 있습니다.

주거를 위한 부동산은 1~2인 가구인지 혹은 자녀가 있는 3~4인 가구 대상인지에 따라 입지에서 고려해야 할 부분이 다릅니다. 1~2인 가구 대상의 부동산은 직장과 편의시설에 인접해야 인기가 있고, 3~4인 가구 대상의 부동산은 학교가 인접해 있어야 인기가 높습니다.

이제 강남의 각 동이 어떤 특징이 있는지 알아보겠습니다.

논현동

우선 논현동은 논현초등학교가 있는 A블록, 학동초등학교가 있는 B블록, 언북중학교가 있는 C블록, 동현아파트가 있는 D블록, 학동 공원이 있는 E블록, 벤츠 서비스센터가 있는 F블록으로 나눌 수 있 습니다.

 A블록

강남을 조금 안다는 사람들은 논현동 하면 논현초등학교가 있는 A 블록을 먼저 떠올립니다. A블록은 그만큼 논현동을 대표하는 곳입 니다. 사람들이 많이 아는 논현동 먹자골목과 영동시장이 있기 때 문입니다.

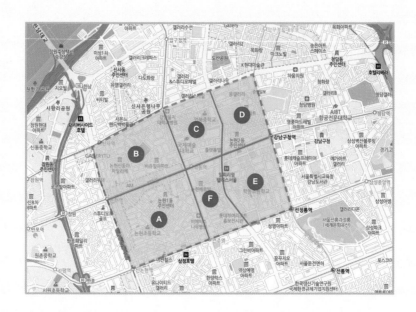

네일숍, 미용실이 A블록에는 50개 넘게 있으며 마트, 세탁소, 옷가게, 약국, 병원 등 생활에 필요한 시설이 모여 있습니다. 심지어 이러한 대부분의 가게가 24시간 운영을 하므로 생활 패턴이 다양한 1~2인 가구가 거주하기에 편리한 지역입니다.

한신포차 1호점이 자리했던 논현동 먹자골목은 '백종원 거리'로 불릴 만큼 백종원의 식당들이 많았습니다. 또한 강남에서 가장 유명한 24시간 약국이 있는 곳, 헤어드라이를 가장 빨리 하는 미용실이 모여 있는 곳, 음식을 포함한 모든 배달이 가장 빨리 되는 곳으로도 유명합니다.

B블록

B블록은 과거에 큰 단독주택이 많은 부자 동네로 알려진 곳입니다. 지금도 고급 빌라와 단독주택이 자리하고 있습니다. 하지만 과거보다는 단독주택의 수가 줄어들었고, 거주하던 주택을 리모델링해 사무실로 통임대하는 경우가 늘어났습니다. 최근에는 엔터테인먼트, 스튜디오 같은 업종이 많이 찾는 곳이 됐습니다. 신사역 역세권이지만 언덕이 있어서 상권이 발달하기에 취약한 곳이기도 합니다.

C·D·E·F블록

C·D·E·F블록은 1~2인 가구와 3~4인 가구가 섞여 살아가는 블록이라고 할 수 있습니다. 초등학교와 중학교가 있어서 자녀를 키우는 가족의 수요는 물론 편의시설을 편리하게 이용하면서도 번화한 곳보다 조용한 곳을 선호하는 1~2인 가구가 모이는 곳이기도 합니다.

강꼬빌딩은 A블록에 가장 많은데, 우선 A블록이 다른 블록보다 크기 때문이고, 다른 블록보다 한 필지의 크기가 작은 것이 많고, 아파트 단지처럼 넓은 면적을 차지하는 곳이 없기 때문입니다.

참고로 필지란 토지의 구획 단위로 하나의 지번을 갖고 있습니다. 강꼬빌딩은 대부분 00-00번지와 같이 하나의 지번을 갖고 있는데, 강꼬빌딩이 자리한 그 땅을 한 필지라고 생각하면 이해하기 쉽습니다. 물론 규모가 큰 빌딩은 여러 필지를 합해서 지어지기도 합니다.

역삼동

서울이나 강남을 잘 모르는 사람에게 '강남'이라고 하면 강남역을 떠올립니다. 하지만 강남역은 사거리를 기준으로 북쪽을 위로 놓고 봤을 때 왼쪽은 서초동, 오른쪽은 역삼동입니다. 강남역 인근은 강남권에서 땅값이 가장 높은 지역으로, 대로변은 평당 5억 원이 넘기도 합니다.

역삼동은 역삼세무서와 강남파이낸스센터가 있는 A블록, 역삼공원과 국립도서관이 있는 B블록, 충현교회가 있는 C블록, 상록회관이 있는 D블록, 진선여고와 이마트가 있는 E블록, 한국은행과 역삼119센터가 있는 F블록으로 나눌 수 있습니다.

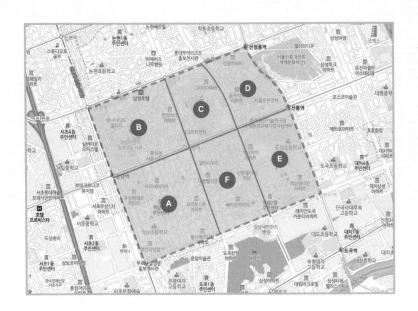

A블록

강남역 1·2·3·4번 출구로 나오면 그곳이 바로 역삼동 A블록입니다. 대형 빌딩과 먹자골목으로 이뤄진 직장인 상권과 오피스텔로 인해 주거보다는 업무지역 특성이 강한 블록입니다.

강남역과 역삼역 인근에는 대형 빌딩과 먹자골목 상권이 형성돼 있으며 그 배후로 주거지역이 자리 잡고 있습니다. A블록에서 강꼬빌딩이 자리할 수 있는 지역은 역삼개나리공원 인근과 역삼초등학교 부근, 그리고 역삼롯데캐슬노블아파트 인근입니다.

개나리공원 인근에는 1~2인 가구를 대상으로 한 임대가 유리하며, 역삼초등학교 인근과 역삼롯데캐슬노블아파트 인근에는 1~2인 가구와 3~4인 가구 임대 수요가 섞여 있습니다.

B블록

강남역 11번 출구로 나오면 B블록입니다. 아는 사람은 다 알고 있듯이 강남역 메인 상권 두 곳 중 하나입니다. B블록은 골목 안쪽까지 상권이 형성돼 있고, 강꼬빌딩은 매우 적습니다. 또한 있다고 해도 가격이 높아 수익률이 낮은 편에 속합니다.

C·D블록

역삼역 7·8번 출구로 나오면 충현교회가 있는 C블록이고 선릉역 5번 출구로 나오면 D블록입니다. 이 두 곳은 논현동의 A블록과 비교될 만큼 강꼬빌딩이 많이 분포해 있습니다.

C블록은 역삼역 앞 GS타워 인근에 먹자골목 상권이 발달해 있고, D블록은 선릉역 5번 출구 인근에 먹자골목 상권이 있습니다. 두 블록 모두 먹자골목 상권이 있으며, 뒤쪽으로 주거지역이 형성돼 있습니다.

E블록에는 진선여고와 이마트가 있으며, 강꼬빌딩은 한티역 인근에 있지만 그 수가 너무 적어 거의 없다고 봐도 무방합니다.

F블록은 한국은행이 있는 위쪽과 역삼119센터가 있는 아래쪽으로 나뉩니다. 위쪽에는 오피스텔과 다수의 강꼬빌딩이 자리하고 있으며, 아래쪽에도 적지 않은 수의 강꼬빌딩이 있습니다. 다만 차이라면 위쪽은 1~2인 가구가 주 임대 수요이고, 아래쪽은 1~2인 가구와 3~4인 가구 임대 수요가 섞여 있습니다.

삼성동

사실 삼성동은 블록을 나눠 설명할 만큼 강꼬빌딩이 많지 않습니다. 선정릉, 강남구청, 경기고등학교, 봉은초등학교, 코엑스, 현대백화점, 인터컨티넨탈호텔, 도심공항터미널, 삼성힐스테이트를 비롯한 여러 아파트를 빼고 나면 강꼬빌딩이 들어설 만한 땅이 별로 없습니다. 또한 한국전력공사 부지 개발로 인해 땅값이 많이 오르기도 했습니다.

매물도 극히 드물고 가격이 높아서 임대 수익률을 위해서 매입한다기보다는 향후 가치 상승을 기대하고 사거나 '삼성동'에 건물을 소유한다는 의미로 투자하는 지역입니다.

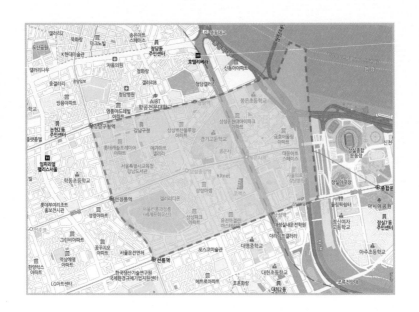

부록 강남의 동네별 강꼬빌딩 현황

대치동

대치동에는 초등학교 4개(대치초등학교, 대곡초등학교, 대현초등학교, 도곡초등학교), 중학교 3개(대청중학교, 대명중학교, 단국사대부속중학교), 고등학교 3개(휘문고등학교, 단국사대부속고등학교, 단국대학교부설 소프트웨어고등학교)가 있습니다. 학교가 많은 만큼 학생 자녀를 둔 다인 가구가 강남에서 가장 많은 지역입니다. 또한 다인 가구가 거주할 수 있도록 은마아파트를 시작으로 대치아이파크, 래미안대치팰리스 등여러 아파트 단지가 자리하고 있습니다.

대치동도 삼성동과 마찬가지로 강꼬빌딩이 들어서 있거나 들어설 수 있는 곳이 얼마 되지 않습니다. 또한 삼성동 옆이라는 장점, 학구열이 높은 지역이라는 장점 덕분에 최근 5년간 가격이 많이 오른 곳입니다.

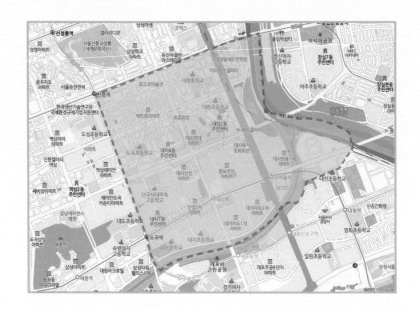

청담동

청담동은 강꼬빌딩이 없다고 봐도 무방합니다. 있다고 해도 일반인의 눈높이로는 가격이 터무니없이 여겨질 만큼 높은 수준입니다. 청담동 부동산 가격이 높게 형성된 까닭은, 바로 청담동이기 때문입니다. 샤넬 가방이 높은 가격을 형성하고 있는 것이 좋은 가죽, 장인의 손길 같은 이유가 있지만 그보다는 샤넬 브랜드이기 때문인 것과 비슷합니다.

청담동은 강남의 다른 지역에 비해 지하철역이 몇 개 되지 않고 지하철역 인근도 상권이 크게 발달하지 않았습니다. 그런데도 청담동에는 명품 매장이 즐비하고 강남을 대표하는 고급 빌라가 여럿 있습니다. 그곳을 이용하는 주 소비층은 대중교통이 아니라 대부분 자가용차를 이용합니다.

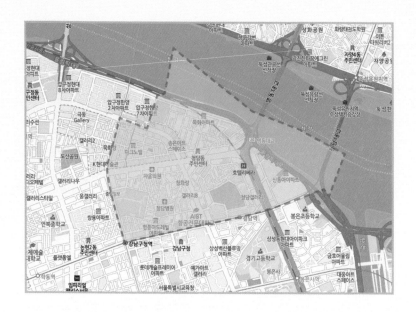

처음 강꼬빌딩을 소유하려는 사람에게 청담동은 이해하지 못할
지역이지만, 부자들에게는 이유 없이 갖고 싶은 지역입니다.

압구정동

압구정동은 아파트(현대아파트, 한양아파트, 미성아파트), 백화점(현대백화점, 갤러리아백화점), 학교(압구정초등학교, 압구정중학교, 신사중학교, 압구정고등학교, 청담고등학교, 현대고등학교)로만 이뤄져 있습니다.

즉 압구정동에는 강꼬빌딩이 없습니다. 혹여 누군가가 압구정동에 건물이 있다는 이야기를 한다면 실제로는 압구정동이 아니라 신사동인 경우가 많습니다.

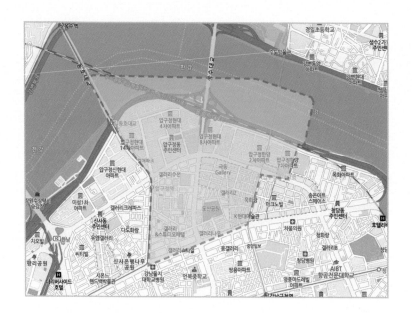

신사동

신사동에는 압구정로데오거리, 압구정역, 가로수길이 있습니다. 압구정역과 압구정로데오거리가 신사동에 있다는 점이 신기하지만 사실이 그렇습니다. 즉 많은 사람이 압구정동이라고 알고 있는 곳이 실은 신사동입니다.

신사동에는 전체적으로 강꼬빌딩이 자리하고 있으며 도산공원과 로데오거리 인근, 가로수길 인근이 대표적인 곳입니다. 하지만 가로수길이 뜨면서 그 블록의 가격이 상당히 높아진 상황이며, 로데오거리는 과거보다 상권이 쇠퇴했다고 해도 가격이 센 편입니다. 그래서 주거형 강꼬빌딩을 매입하거나 짓기에는 수익률이 높지 않으며, 상가나 사무실로 이뤄진 소형 빌딩을 갖고 싶은 분들에게 적합합니다.

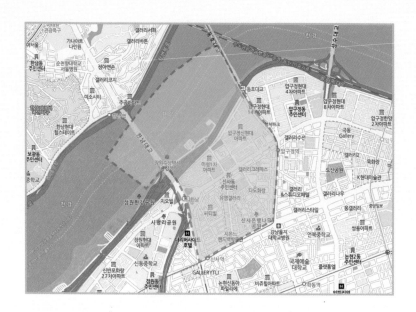

　지금까지 살펴본 7개 동 외에도 강남에는 도곡동, 개포동, 수서
동, 일원동, 세곡동, 자곡, 율현동이 있습니다. 하지만 이들 지역
은 아파트와 학군, 단독주택에 대해서는 긴 설명이 필요하지만 강
꼬빌딩에 대해서는 할 말이 별로 없습니다. 현재 강꼬빌딩이 많지
않고 1~2인 가구의 임대 수요 역시 많지 않아서 임대 관리가 어렵
습니다.

강꼬빌딩은 논현동과 역삼동에

결론적으로 강꼬빌딩을 소유하기 적합한 곳은 논현동과 역삼동입니다. 여기에 삼성동과 대치동 정도를 들 수 있습니다.

논현동과 역삼동은 다른 동에 비해 강꼬빌딩 수가 우선 많고 인근에 직장과 번화가가 있어 1~2인 가구의 임대 수요도 많습니다. 삼성동과 대치동은 강꼬빌딩의 수가 논현동과 역삼동보다 적지만 자녀를 키우는 3~4인 가구의 거주 수요가 높은 곳입니다.

청담동, 압구정동, 신사동은 강꼬빌딩이 아예 없거나 있다고 해도 가격이 너무 높아 처음으로 강꼬빌딩을 갖고 싶은 분들에게 부담스러운 지역입니다.

이처럼 강꼬빌딩에 적합한 논현동에 최근 괜찮은 땅이 나와 살펴보던 중 송파에도 좋은 땅이 있다고 하여 보게 됐습니다. 논현동과 송파의 땅 모두 300평으로 가격은 논현동보다 송파가 더 높았습니다. 논현동 땅은 지하철역과 인접해 있지만 주택가 안쪽으로 들어가 있었고, 송파 땅은 대로변에 나와 있는 입지였기 때문입니다.

비슷한 조건이지만, 강남과 송파 중에서 어떤 선택을 내려야 할까요? 저는 주저 없이 논현동 땅을 선택했습니다. 건물을 지어서 주거용으로 임대할 생각이었는데, 송파 대로변이 아무리 좋다 해도 주거용으로 임대하기에는 강남의 주택가가 더 낫다고 판단했기 때문입니다.

송파보다 강남이 임대 수요가 더 많고 임대 수요자의 소득 수준이 더 높습니다. 대로변이라고 해서 임대 수요가 더 몰리거나 임대료를 더 높게 받을 수 있는 게 아닙니다. 물론 상가나 사무실을 임대한다면 골목 안쪽보다 대로변이 훨씬 낫습니다. 하지만 송파의 그 땅은 주변에 직장인 수가 충분하지 않았고, 상권이 발달해 있거나 상주인구가 많은 편도 아니었습니다. 건물을 지어 임대하는 데 애를 먹을 것 같았습니다. 이 판단에는 인근 오피스텔 임대 현황이 근거가 되기도 했습니다.

정리하자면, 다음과 같이 요약할 수 있습니다.

아무리 좋은 입지도 쓰임에 맞아야 한다

겉보기에 입지가 훌륭해도 나의 쓰임에 맞아야 합니다. 누구나 인정할 만큼 입지가 좋아서 꼬마빌딩을 샀지만 엉뚱한 결과가 나올 때도 있습니다. 주거 임대가 좋은 지역에 상가와 사무실로 이뤄진 건물을 산 경우 혹은 그 반대인 경우입니다.

또한 입지를 누가 판단했느냐에 따라 다르기도 합니다. 본인을 비롯한 주변 사람들이 보기에는 좋은 입지여도 부동산 전문가가 봤을 때는 별로인 경우도 있지요. 꼬마빌딩을 사면서 임대 대상이 누구인지, 어떤 목적으로 매입할지 분명한 기준이 없을 때 이런 실수가 일어납니다.

지역 우위가 건물 우위보다 우선한다

지역적인 우위가 한 건물의 우위보다 우선합니다. 예를 들어 삼성에서 나오는 휴대전화 중 인기가 별로 없는 제품과 중소기업에서 나오는 휴대전화 중 인기가 있는 제품이 있다면 사람들은 무엇을 선택할까요? 대체로 전자를 선택할 겁니다.

대기업의 휴대전화는 비록 인기가 없더라도 기본적으로 AS가 잘 되고, 케이스나 액정 필름과 같은 물건을 쉽게 구할 수 있습니다. 반면 중소기업의 휴대전화는 그렇지 못할 가능성이 커서 구입할 때의 조건은 비슷하지만 사후 관리 부분에서 차이가 큽니다.

즉 물건 하나의 우위보다 그 물건을 만든 곳이 어디인지에 따라 이후의 관리와 편의성이 달라진다는 말이죠. 물론 몇 년 쓰고 바꾸는 휴대전화야 쓰는 동안 고장이 나지 않으면 크게 상관없습니다. 하지만 부동산은 그렇지 않습니다. 꼬마빌딩은 몇 년을 쓰고 버리는 게 아니라 적어도 10년 이상 보유하며 안정적인 수익을 얻고 시세 상승까지 얻어야 하므로 해당 건물의 여건도 중요하지만 주변 여건이 훨씬 더 중요합니다.

아무리 허름한 건물이더라도 활발한 상권에 위치해 있으면 쉽게 세입자를 구할 수 있습니다. 하지만 멋진 최신 건물이라도 상권이 시들한 곳에 있다면 세입자를 구하기 어렵겠지요.

비용을 들이면 내 건물을 예쁘게 고치거나 새로 지을 수는 있습니다. 하지만 아무리 돈을 많이 들인다 해도 내 건물 주변의 여건을 바꿀 수는 없습니다. 그래서 아무리 멋진 건물이라도 주변 여건이 좋지 못하면 가치가 낮고, 건물이 낡고 허름해도 주변 여건이 좋다면 가치가 높습니다.

재테크 방식을 바꿔라

이 책에 담긴 이야기는 제가 10년이 넘는 동안 강꼬빌딩을 직접 경험하며 겪은 내용입니다. 수백 개의 강꼬빌딩 매물을 직접 보고 검토하고 설계를 했으며, 수십 번의 철거와 신축 공사를 하면서 수백 건의 민원을 상대해왔고 지금도 하고 있습니다. 그리고 현재 394개 호실의 임대 관리를 직접 하고 있으며 올해 말이면 관리하는 호실이 500여 개로 늘어납니다.

부동산에 대해 저보다 훨씬 더 풍부한 지식을 가진 분도 있겠지만, 강남 부동산의 현실과 현장에 대해 저보다 더 많이 알기는 어렵다고 자부합니다. 또한 저는 이 모든 경험을 제삼자의 관점에서 바라만 본 것이 아니라 책임자로 직접 겪어왔습니다. 강남의 건물 수십 채를 직접 사고, 건물을 철거 또는 신축하며 최종적으로 책임지고 임대 관리를 하고 있습니다. 그 과정에서 기존 소유주들과 밀고 당기는 협상을 적게는 몇 주, 길게는 몇 달도 해봤습니다. 계약하러 만나서는 싸우고 헤어지기를 두 번 한 다음 세 번째 만나서도 다툼이 있어 밤 11시가 돼서 계약을 체결한 일도 있었습니다.

소유자가 네 명인 건물을 사기 위해 세 명과는 계약서를 작성했는데 마지막 한 명이 갑자기 매매가를 1억 원 이상 올리는 바람에 계약이 수포로 돌아간 일도 있었고, 건물을 지으면서 수백 건의 민원을 해결했으며 오늘도 진행 중입니다. 394개 호실의 임대 관리를 하다 보면 단 하루도 아무 일 없이 넘어가는 날이 없습니다.

저의 모든 경험을 이 책에 담을 수는 없었지만, 강꼬빌딩에 관심을 두고 소유하고 싶어 하는 분이라면 반드시 알아야 할 내용은 모두 담았습니다. 강꼬빌딩을 찾아보는 방법부터 매입 과정에서 알아야 할 것들, 신축 방법, 매입 이후 관리에 관한 내용이 담겨 있습니다.

초저금리 시대에는 여유자금을 금융상품에 투자해서 안정적인 생활자금을 만들기 어렵습니다. 금융상품은 안전성이 높은 반면 수익률이 극히 낮으며, 수익률이 높다 싶으면 원금손실의 위험성이 큽니다.

그래서 많은 사람이 매달 월세 소득을 올릴 수 있는 꼬마빌딩에 관심을 갖고 있습니다. 꼬마빌딩 중에서도 제대로 된 강꼬빌딩을 소유하면 매달 월세를 받는 것뿐만 아니라 건물의 가격도 높아집니다. 물론 강꼬빌딩을 사고 난 후에 건물을 잘 관리해야 얻을 수 있는 결과입니다. 금융상품으로 치면 매달 이자를 받으면서도 원금이 늘어나는 것이라고 볼 수 있죠. 금융상품은 신경 쓸 것이 없어 편할 수 있지만, 강꼬빌딩처럼 매달 월세를 받으며 원금이 늘어나는 결과를 얻기는 불가능합니다.

우리는 살면서 돈을 벌기 위해 일을 하거나 재테크를 합니다. 일도 재테크도 처음에는 여러 분야에 관심이 생기지만 한 가지에 익숙해지면 그 일 혹은 그 재테크 방법을 계속 유지하려 합니다. 뇌과학적으로 인간의 뇌는 변화를 싫어하기 때문입니다.

여기서 한 가지 생각해볼 점이 있습니다. 사람들은 새로 뭔가를 할 때 지금까지 해왔던 방식으로 접근한다는 것입니다. 금융상품에 익숙한 사람이 부동산을 접하면 뉴스 검색이나 통계 확인은 잘하지만 발품을 팔며 부동산을 직접 확인하는 것은 잘 못하고, 아파트 투자에 익숙한 사람이 꼬마빌딩에 접근할 때는 건물별로 다른 입지와 요건을 감안하는 것에 어려움을 느끼기도 합니다.

꼬마빌딩은 금융상품처럼 검색과 자료 검토만으로 판단할 수 없으며, 아파트처럼 같은 입지와 구조, 크기를 갖고 있지도 않습니다. 즉 지금까지 내가 편하게 사용했던 방식이 아닌 새로운 접근 방식을 익혀야 합니다. 마음에 드는 강꼬빌딩을 갖기 위해서는 시간과 노력이 필요합니다.

거래하는 금융회사나 지인의 추천으로 쉽고 간단하게 좋은 강꼬빌딩을 찾기란 거의 불가능합니다. 물론 지인이나 금융회사의 담당자는 좋은 마음으로 추천해주는 것이지만, 우량한 강꼬빌딩이라기보다는 고객과 지인의 부탁으로 꼬마빌딩을 추천할 때가 많습니다.

제대로 된 꼬마빌딩을 갖기 위해서는 시세를 아는 것은 물론 건물의 잘된 부분과 잘못된 부분을 알아볼 수 있는 안목도 갖춰야 합니다. 스스로 안목을 갖추기 어렵다면, 내 편에 서서 객관적으로 건물에 대해 조언해줄 수 있는 안목 있는 사람이 필요합니다. 중요한건, 안목의 깊이가 아니라 내 편인지 아닌지입니다.

아무리 많이 아는 사람이라도 내 편이 아니라 단지 건물을 파는데만 관심이 있다면, 세금이나 이후의 임대 관리에 대해서는 대충 얼버무리면서 건물의 장점만 열심히 설명하며 본인이 아는 단점을 숨길 수도 있기 때문입니다. 즉 내가 직접 안목을 갖추거나 안목 있는 사람이 내 편인 경우에 제대로 된 강꼬빌딩을 가질 수 있습니다.

이 책을 통해 강꼬빌딩을 보는 안목을 갖추고 실수하지 않기를 바라며, 이왕이면 더 좋은 강꼬빌딩을 찾으시기를 바랍니다.

마지막으로, 책에 미처 담지 못한 추가적인 내용은 제 유튜브 채널(〈황 소장의 부동산 팩폭〉)과 연금형부동산연구소 카페(네이버)에서 꾸준히 다룰 예정입니다.

신흥 슈퍼리치들이 선택한 부의 레벨업

나는 아파트 대신 강꼬빌딩을 산다

제1판 1쇄 발행 | 2021년 9월 14일
제1판 5쇄 발행 | 2022년 2월 11일

지은이 | 황준석
펴낸이 | 유근석
펴낸곳 | 한국경제신문 한경BP
책임편집 | 윤효진
저작권 | 백상아
홍보 | 서은실 · 이여진 · 박도현
마케팅 | 배한일 · 김규형
디자인 | 지소영
본문디자인 | 디자인 현

주소 | 서울특별시 중구 청파로 463
기획출판팀 | 02-3604-590, 584
영업마케팅팀 | 02-3604-595, 583   FAX | 02-3604-599
H | http://bp.hankyung.com   E | bp@hankyung.com
F | www.facebook.com/hankyungbp
등록 | 제 2-315(1967. 5. 15)

ISBN 978-89-475-4748-2   03320